ステップアップ介護

よくある場面から学ぶ
# 介護技術

長藤成眞 = 著

中央法規

# はじめに

　「ステップアップ介護」は、介護職の皆さんが専門職として新たな一歩をふみ出すためのシリーズです。日頃の業務のなかで、「やってしまいがち」「よかれと思ってやっている」「あいまいなままやっている」「よくわからなくて困っている」といった場面はないでしょうか。本シリーズでは、そのような、介護現場によくある場面をイラストで紹介し、具体的にどのように考え、どのように対応したらよいのかをわかりやすく解説しました。

　基本的には、一つの場面を4ページで展開しています。前から順に読んでいただくことも、場面を選んで読んでいただくこともできるようになっていますので、ぜひ、パラパラとめくってみてください。きっと気になる場面が出てくると思います。

　また、本シリーズは、複数の介護事業所へのヒアリングをふまえ、「介護職が押さえておきたいテーマ」「職員研修で必ず取り上げるテーマ」として共通するものをラインナップとしてそろえました。根拠となる知識や応用的な知識も収載していますので、新人研修や事業所内研修にも、ぜひ活用してください。

　本書『よくある場面から学ぶ介護技術』は、七つのPartで構成されています。Part 1「介護技術の前に」では、業務の優先順位の考え方、多職種連携の方法、声かけの目的など、業務全体にかかわる場面を紹介し、どのように考え、どのように対応したらよいのか解説しています。Part 2は、「体位変換・移動・移乗」、Part 3は「食事」、Part 4は「排泄」、Part 5は「入浴」、Part 6は「着替え」、Part 7は「睡眠」です。各Partにおいて、介護職として確実に身につけておきたいこと、利用者の「生活の営み」に直結すること、すぐに知りたいことを専門的知識をふまえた根拠ある技術として提供できるように、また、自ら考えて対応できるように解説

しています。

　介護職には、利用者にとっての「人的環境」の一つとして、利用者の生活の継続のために環境を整え、意図的にかかわることにより、利用者の力を引き出す役割があると考えています。ただし、意図的にかかわるためには、利用者の生活の全体像を把握し、疾病や障害が、その生活の営みにどのような影響を与えているのかを検討する必要があります。また、この最初のプロセスを大事にしなければ、介護職が利用者の状態を悪化させる要因になり得ると考えています。

　適切な介護を提供するためには、専門的な知識にもとづく予後予測を行い、どの部分に、どのようにかかわればその利用者の「生活の営み」が継続できるかを考える必要があります。つまり、介護技術は、介護職の業務への向き合い方や学ぶ姿勢によって大きく変化するものです。そしてそれが利用者との信頼関係やQOL（生活の質）にもつながることを意識してください。学んだことをくり返し実践することによって、自分自身の知識となり、技術になります。状況に応じて適切なかかわりや環境調整ができるように学び続けることが大切です。


　本書は、私がこれまでさまざまな方にご縁をいただき、学ばせていただいたことの集大成です。本書によって、知識の点と点がつながり、未来を見すえた介護技術を提供できるようになっていただけたらと思います。


2019 年 8 月　長藤成眞

はじめに

## Part 1　介護技術の前に

① Dさんの排泄介助とEさんのナースコールへの対応、どちらを優先する？ …… 002

② 多職種連携とは、何をどうするの？ …… 006

③ 「声かけ」は単に声をかけること？ …… 010

④ 介護技術は、誰の指示に従うのが正解？ …… 014

⑤ 自分の介護技術に自信がもてない…… …… 018

## Part 2　体位変換・移動・移乗

### 1　車いすの操作

① 段差の昇降のたびに恐怖感を与えてしまう…… …… 024

② 下り坂も前向きのほうがよい?! …… 028

③ 2台の車いすを同時に押して効率アップ?! …… 032

④ 車いすを止めるときは、ブレーキだけ注意しておけばよい?! …… 036

## 2 歩行介助（杖・歩行器・手引き歩行）

① 手引き歩行が可能と言われたけれど、
転倒しそうで怖い ････････････････････ 040

② 歩行器の「正しい使い方」がよくわからない･･････ 044

③ 杖歩行の「2動作歩行」と「3動作歩行」は
利用者が歩きやすいほうでよい？ ････････････ 048

④ シルバーカーのブレーキは、正しく使えている？ ･･･ 052

⑤ 歩行動作の「見守り」は、どこを見たらよい？ ････ 056

## 3 寝返り

① 体位変換は、体力と筋力をつければ誰でもできる？ ････ 060

② 体位変換は、単に「姿勢」を変えること?! ･･･････ 064

③ 「正しいポジショニング」がわからない･･････ 068

④ 利用者に触れる際に、気をつけることってある？ ････ 072

## 4 移乗

① ベッドから車いすへの移乗の準備とは？ ･･･････ 076

② 利用者のベルトが一番持ちやすい?! ･･･････ 080

③ スライディングボードを使うのは、何だか怖い･･････ 084

④ 二人介助では、抱え上げればよい？ ････････････ 088

## Part 3　食事

### 1　食事の準備

① 食べやすい配置は一人ひとり異なるの？ ················ 094

② なぜかあごが引けない?! ················ 098

③ テーブルの高さを変えるなんて、ムリ?! ················ 102

### 2　食事介助

① 食事介助は、利用者の正面に座って行う?! ················ 106

② 適切な一口量とスプーンを運ぶタイミングが
わからない…… ················ 110

③ ご飯とおかずをまぜたほうが食べやすい？ ················ 114

④ 急変時の対応が怖い、難しい ················ 118

⑤ 薬の飲み忘れに気づいたら？ ················ 122

### 3　口腔ケア

① 口の中がよく見える体勢を優先する？ ················ 126

② 義歯のはずし方・つけ方に順番なんてあるの？ ················ 130

③ 感染症がなければ、マスクと手袋は必要ない？ ················ 134

# Part 4　排泄

## 1　トイレ誘導

① トイレに誘導後、介助に入るタイミングがわからない …… 140

② 便座に座っても、排尿・排便がないことが多い …… 144

## 2　おむつ交換

① おむつ交換は、1日何回すればよい？ …… 148

② パッドを重ねれば、尿は漏れない？ …… 152

③ 陰部洗浄ではスピードを優先する?! …… 156

④ 報告が必要な「尿や便の異常な状態」とは？ …… 160

⑤ 陰部・臀部の皮膚トラブルが多い利用者に
何かできることはない？ …… 166

# Part 5　入浴

## 1　個浴等での介助

① 「自分でできる」と言う利用者は、
本人にまかせればよい？ …… 172

② 寒い日は、急いで熱めのシャワーをかける?! …… 176

③ 浴槽に浸かっているときは、
その場を離れたほうがよい?! …… 180

④ 利用者に「もっと強く洗ってほしい」と言われたら？ …… 184

**2 機械浴での介助**

① 二人介助では、同時に髪と身体を洗って効率アップ?! ⋯⋯ 188

② 機械浴での溺水が怖い ⋯⋯⋯⋯⋯⋯⋯⋯⋯⋯⋯⋯⋯⋯⋯⋯ 192

## Part 6　着替え

① 利用者の周りをぐるぐる回ってしまう ⋯⋯⋯⋯⋯⋯⋯⋯ 198

② 居室なら羞恥心への配慮は必要ない?! ⋯⋯⋯⋯⋯⋯ 202

③ 座位でズボンをはくときは、
足を高く上げても大丈夫?! ⋯⋯⋯⋯⋯⋯⋯⋯⋯⋯⋯⋯ 206

## Part 7　睡眠

① 高齢者は、夜に眠くなるわけではないの？ ⋯⋯⋯⋯⋯ 212

② 水分補給と熟睡は、どちらを優先したらよい？ ⋯⋯⋯ 216

③ よい睡眠を促すためにできることはある？ ⋯⋯⋯⋯⋯ 220

## キャラクター紹介

**つぼみちゃん** —— TSUBOMI CHAN

介護施設で働きはじめたばかり。憧れのはなこ先輩のように、花咲くことを夢見て一生懸命介護の仕事をがんばっている。
好きな食べ物はパンケーキ。おひさまを浴びることが大好き。

**はなこ先輩** —— HANAKO SENPAI

つぼみちゃんの教育係の先輩。素直でいつも前向きなつぼみちゃんを応援している。
好きな果物はリンゴ。ミツバチと小鳥がお友達。

# Part 1

## 介護技術の前に

現場で何か困っていることはあるかな。

えっと……。人によって指示内容が違うってことが一番かなあ。

## 1 Dさんの排泄介助とEさんのナースコールへの対応、どちらを優先する?

**考えてみよう!** 優先順位はどう判断したらいいのかな?

　利用者Dさんの排泄介助を行おうとしたところ、利用者Eさんのナースコールが鳴りました。どう対応したらよいかわからず、介護職のAさんはあせっています。

Dさんは待てる人なのかな? Eさんが呼んでいる理由は何だろう。こんなとき、本当にどう対応したらいいか迷ってしまうなあ。

対応が遅れると、利用者さんの安全や生活をおびやかしてしまうことになるのはどちらかな? 優先順位の考え方やアセスメントの視点を確認してみよう!

Part 1 介護技術の前に

**確認しよう！** 何を基準に判断する?

### チェック 1 　利用者の「生命」の危険

　まずは、DさんとEさんの「生命」の危険を考えます。そのためには、利用者の心身の状況や生活パターンなどをしっかりと理解していることが大切です。

### チェック 2 　事故やけがにつながる可能性

　業務の優先順位を考える際には、事故やけがにつながる可能性が一つの判断基準になります。利用者の生命をおびやかすような事故やけがなどのリスクは、未然に防がなければなりません。この場面では、まずはナースコールを押したEさんの状況を確認します。誰も来てくれないと、不安やあせりから、転倒・転落につながることも考えられます。

### チェック 3 　利用者の痛みや不快感

　痛みや不快感への対応は、生活を営むうえでとても大切です。痛みや不快感への対応が十分に行われなければ、利用者に不満やあきらめの気持ちが生まれ、生活全体の質が低下する可能性があります。この場面では、まずはEさんの状況を確認し、場合によってはDさんの排泄介助を優先することも考えられます。

まずは、この三つの視点で考えればいいんだね！

003

**どうしたらいいの？** 優先順位を判断できるようになろう

### ポイント 1　利用者の心身の状況をきちんと把握する

基本的なことですが、利用者の認知機能、身体状況、疾患、服薬状況、その日の体調などをきちんと把握しておくことで、業務が重なったときに優先順位を判断できるようになります。

### ポイント 2　利用者の「生活パターン」を理解する

利用者の心身の状況に加え、どんなときにナースコールを押すのか、食事の後はどのような行動をとることが多いのかなどの生活パターンを理解しておくことが大切です。利用者の生活パターンに合わせたかかわりは、リスクの軽減につながります。

### ポイント 3　自分の知識や技術を客観的に把握する

介護職自身が、自分の知識や技術を客観的に把握することも大切です。優先順位を判断できたとしても、自分で対応できるとは限りません。無理をして対応した結果、利用者を事故やけが、生命の危険にさらしてしまう可能性もあります。対応が難しいと判断したら、迷わず、応援を依頼しましょう。

### 介護現場のリスクマネジメント

リスクマネジメントとは、事故の発生を未然に防ぐことや発生した事故にすみやかに対応することにより、組織の損害を最小限に食い止めることです。介護職は、利用者の身体に直接触れることが多く、また、かかわる頻度も高いため、さまざまな事故に直面する可能性があります。したがって、業務においては、「計画」→「実行」→「評価」→「修正」のサイクルを意識し、チーム全体でリスクの認識やかかわり方、優先順位などを共有することが大切です。

Part 1　介護技術の前に

## ● 利用者の心身の状況と生活パターンをふまえて優先順位を考えよう

　いくつかの業務が重なったときに優先順位を判断することは、とても難しいことです。もちろんある程度の「経験」が必要になる場面もあるでしょう。ただし、介護職として、**利用者の心身の状況や生活パターンをきちんと把握する**ことは、当たり前に行うべきことです。

　特に入所施設では、年齢、性格、生活歴、価値観などが異なる利用者がともに生活しているので、さまざまな対応が求められます。対応すべきことが重なることもありますし、ある利用者への対応の途中で、別の利用者に対応し、また戻るということも多々あります。どのように判断し、何を優先するのかは、介護職にまかされています。

　そこで、常に「生命の危険」「事故やけがにつながる可能性」「痛みや不快感」を意識し、**利用者が生活を継続（けいぞく）できるように**考え、判断し、対応できるようになる必要があります。

　こんなとき、どうする？

　　食事の介助中、ある利用者の口に食べ物が入っていて、まだ飲み込んでいない状態のときに、別の利用者がトイレに行くためにいすから立ち上がろうとしたら……？　どちらを優先したらよいでしょうか。
　　この場面でも、「利用者の生命の危険」「事故やけがにつながる可能性」「利用者の痛みや不快感」を検討し、優先順位を判断することになります。常に、利用者の生活の継続を考えましょう。

005

## ② 多職種連携とは、何をどうするの？

> 考えてみよう！　多職種連携の目的は何かな？

　研修で「多職種と連携して……」と何度も言われてきた介護職のBさん。でも、具体的に何をどうすることが「多職種連携」なのか、連携しないとどうなるのかよくわかりません。

確かに"多職種連携"ってよく耳にするけど、具体的に何をすればいいのかなあ？

まずは、多職種連携において介護職に求められることを確認してみよう！

006

Part 1 介護技術の前に

**確認しよう！** 介護職に求められることは？

### チェック 1　利用者の生活全体を把握する！

さまざまな専門職のなかで、利用者に接している時間が最も長いのは介護職です。それでも、一人ひとりの利用者について、身体的側面、心理的側面、社会（環境）的側面のすべてを把握し、対応することは難しいでしょう。

### チェック 2　ほかの専門職の役割を理解する！

ほかの専門職について、その業務内容や役割をきちんと理解できていないと、連携どころか質問することさえもためらわれます。そのような状況では、必要な情報を共有できず、利用者に不利益を与える可能性もあります。

### チェック 3　介護職の役割と強みを意識する！

ケアマネジメントプロセスにおいては、利用者にかかわるすべての専門職が、その役割をきちんと果たすことで、初めて目標が達成されます。したがって、チームのなかでの自分の役割と強みを明確にしておくことが大切です。

多職種連携とは、質の高いケアを提供するために、異なる専門的背景をもつ専門職が、共有した目標に向けてともに働くことをいうよ。

**どうしたらいいの？** 利用者の生活目標を意識しよう

### ポイント 1　ほかの専門職の視点を取り入れる

　介護職だけでは、支援に限界があることを理解しましょう。ほかの専門職の視点を取り入れると、新たな発見やかかわり方の変化があるはずです。

### ポイント 2　ほかの専門職の役割と強みを意識する

　ふだんの介護の場面で、ほかの専門職の役割と強みを意識してみましょう。連携には、日頃のコミュニケーションが欠かせません。

### ポイント 3　利用者の目標に介護職の強みを照らしてみる

　利用者の目標に、介護職である自分の役割と強みを照らして考えてみましょう。介護職は、利用者一人ひとりの日々の生活に密着した支援を行っていることが理解できます。

### ポイント 4　利用者の目標達成に向けてほかの専門職と協力する

　介護職は、利用者の生活状況や思いを把握し、その情報をほかの専門職と共有し、利用者の目標達成に向けて協力することが大切です。

多職種連携の目的は、①利用者の自立（自律）、②利用者の生活の継続、③利用者の心身状態の安定だよ。

## ● いつも利用者の「生活目標」を意識しよう

　どんなテキストにも、「多職種連携が大切」と書かれています。研修でも、くり返し聞いているフレーズではないでしょうか。それでも「多職種連携」が何となく難しそうに感じるのは、なぜでしょうか。その理由として、一つには、なぜ、多職種連携が大切なのかがわからないこと、もう一つは、具体的にどうしたらよいのかがわからないことが考えられます。

　「介護福祉士」「看護師」「医師」「作業療法士」「社会福祉士」「管理栄養士」など、それぞれの専門職には、法律に明記された役割があります。その役割を果たすことで利用者の生活を支えるしくみになっているのです。しかし、専門職がそれぞれの解釈にもとづいて単独でかかわってしまうと、利用者を混乱させてしまいます。したがって専門職は、**お互いの役割と強みを理解し、情報を共有したうえで、共通の目標に向かってかかわる**必要があるのです。そのためには、**常に利用者の「生活目標」を意識しておく**とよいでしょう。そして、利用者と接するなかで得た多くの情報や気づきを「生活目標」に照らし、それぞれの専門職の役割と強みに応じて共有しましょう。

　利用者と接する時間が最も長い介護職の気づきや視点を、ほかの専門職は頼りにしています。介護職の強みは、「利用者に一番近い存在であること」です。それを忘れずに、日常生活でのかかわりや観察から気づいたことをほかの専門職に伝えていきましょう。

利用者さんの「生活目標」を大事にすればいいんだね！

## 3 「声かけ」は単に声をかけること？

考えてみよう！　なぜ、利用者は驚いてしまったのかな？

　食事の時間になったので、介護職のAさんは、利用者Fさんに声をかけ、起き上がりの介助をしようとしました。するとFさんはとても驚き、身体をこわばらせてしまいました。

Aさんはちゃんと声をかけているのに、どうしてFさんはこんなに驚いているのかなあ。

「声かけ」は何のためにするのかな。Fさんに、内容がちゃんと伝わっているのかな。

**Part 1　介護技術の前に**

**確認しよう！**　驚かせてしまった原因は？

**チェック 1**　内容が伝わっていない?!

　Ａさんは声をかけてはいますが、その内容が伝わっていない可能性があります。聞こえなかったのかもしれませんし、理解できなかったのかもしれません。

**チェック 2**　態度が一方的になっている！

　声かけでは、視線、表情、声のトーン、速さなどが重要ですが、Ａさんは「起こす」ことばかりに意識が向いていて、一方的な態度になっています。利用者との信頼関係をおびやかしてしまうかもしれません。

**チェック 3**　声かけが"逆効果"になっている！

　声かけには、利用者の不安を取り除いたり、意欲を引き出したりする役割もありますが、ここではその役割を果たせず、利用者を驚かせ、不安にさせてしまっています。

**チェック 4**　声かけと同時に身体に触れている！

　声をかけたら、少なくとも利用者の意思を確認し、気持ちや身体の準備が整うのを待つ必要があります。いきなり身体に触れたり、介助をはじめたりすると驚いたり、反射的に拒否したりするのは当然ではないでしょうか。

**011**

**どうしたらいいの？** 「伝える」ではなく「伝わる」声かけをしよう

食事の準備ができましたので、起きませんか。

**ポイント1** 利用者の認知機能（理解度）、聴力などをふまえ、伝わるように声をかける

**ポイント2** 介護職のペースではなく、利用者のペースに合わせて声をかける

**ポイント3** 利用者を思いやり、安心できるような声かけを行う

**ポイント4** 声をかけたら、利用者の反応を待つ

伝えることと、伝わることは違うんだね！

Part 1　介護技術の前に

● **伝わる声かけ、利用者の反応を意識しよう**

　介助の前の声かけは、何のために行うのでしょうか。それは、**利用者の尊厳の保持のため**であり、例えば、**利用者が生活行為を自らの意思で決定し、実行するため**に行います。

　そう考えると、声かけに対する利用者の表情の変化、反応などを観察しながら、理解しやすい表現、速さ、声のトーンなどを把握することが大切であることがわかります。

　例えば、聴力が低下している利用者に対しては、低い声で、ゆっくり声をかけます。介護職に気をつかって「聞こえたふり」をする利用者には、声かけ後の反応や行動を観察して「伝わったかどうか」を確認します。声かけは、単に声をかけることではなく、**利用者の身体状況や介護職との関係性も考慮しながらきちんと伝わるように行う**必要があるのです。

　また、利用者との信頼関係を築くために、コミュニケーションの基本姿勢や傾聴・共感・受容の態度を学び、思いやりのある声かけを意識します。日々の生活の営みのなかで、利用者に不快な思いをさせたり、傷つけたりすることがないように気をつけましょう。利用者との信頼関係により、利用者の負担も介護職の負担も軽減されます。

### 傾聴・共感・受容の態度とは？

　傾聴とは、利用者が言おうとすることの意味を察しながら、気持ちにこたえられるように、結論を急いだり、先入観をもったりせずに聴くことです。利用者の話を本当に理解しながら聴くことができているか自らを振り返ることが大切です。共感とは、相手の立場になって感じたり、考えたりすることであり、「このような思いがあるのだ」と相手を理解することが求められます。そして、受容とは、傾聴や共感のプロセスを経て客観的に相手を受け入れることであり、相手に気を配り、相手から好意をもってもらえる態度が求められます。

## 介護技術は、誰の指示に従うのが正解？

> 考えてみよう！　先輩の指示に従うのが正解？

　介護職のBさんは、利用者Gさんの移乗介助を行っています。通りかかった先輩が「やり方が違う」と指摘しています。でも、それは、別の先輩に教わった方法のようです。

 先輩の言うことには従わないといけないよね。でも、人によって内容が違うと、どうしたらいいか迷ってしまうなあ。

 これではBさんだけでなく、Gさんも困ってしまうね。介護技術で大切なのは利用者さんの自立支援につながっているか、利用者さんが安心できているかという視点だよ。

014

Part 1　介護技術の前に

### 確認しよう！　「正解」「不正解」を決めるものさしは？

#### チェック 1　誰に従うかは大事ではない！

介護は誰のために行うのでしょうか。それを考えれば、誰の指示に従えばよいかで迷うことはないと思います。

#### チェック 2　介護過程に沿った根拠ある技術か？

自分が提供する介護技術は、介護過程に沿った根拠にもとづいているか、常に意識する必要があります。先輩に教わる場面でも、利用者の心身の状況等をふまえた技術かどうか検討しましょう。

#### チェック 3　利用者自身の動きのイメージに合っているか？

介護技術は利用者の同意を得て提供します。したがって、利用者の同意が得られた方法かどうか、利用者自身の動きのイメージに合っているかどうかも重要です。利用者の状態は日々、変化するため、利用者とともに考えながらくり返し実践することが大切です。

### 介護とは？

たとえ疾病や障害があっても、目の前の利用者の生活は継続していきます。介護職は、その生活の環境の一部として、専門的知識にもとづいて予後を予測しながら、根拠のある技術を提供する責任があります。今のかかわりによって、今後、その人の生活がどのように変化していくのかを理解して支援していくことが大切です。

介護とは、介護職が利用者とその生活を理解して、どの部分に、どのようにかかわれば生活を営み続けることができるのか、どのような環境があればその人の生活が成り立つのかを理解して、意図的にかかわることだと考えられます。

**どうしたらいいの?** 提供した技術の振り返りをしよう

**ポイント 1** 一度、意見として受け入れてから、内容を具体的に検証する

**ポイント 2** 利用者の自立支援につながっているか、利用者が安心できているか、介護過程に沿った根拠にもとづく技術かどうかを検討する

**ポイント 3** 利用者自身の動きのイメージに合わせ、力を引き出す視点をもつ

### 「正しい先輩」の見分け方?!

特に新人や経験の浅い介護職は、先輩に言われたとおりに行動しなければと思いがちです。でも先輩だからといって、いつも正しいとは限りません。例えば、単に「やり方が違う」という先輩の話ではなく、どうして違うのかを教えてくれる先輩の話を聞くようにするとよいでしょう。業務中心ではなく、利用者をきちんと観察して介護を行っている先輩は必ず、利用者の特徴をふまえて、その技術ではダメな理由を教えてくれます。

利用者さん自身がもっている力に着目し、その力を引き出して、問題や課題を解決できるように援助していくことをエンパワメントアプローチというよ。

Part 1　介護技術の前に

## ● 誰に従うかではなく、介護過程に照らして検討しよう

　介護技術は、利用者の心身の状況を理解して、今の状態がよりよくなるように、または悪化の防止につながるように提供する必要があります。提供した技術については、**実践後に振り返る**ことが重要です。

　利用者の状況は、日々、変化する可能性があります。したがって、日々の健康状態や時間帯によって適切な介護の方法が変化する可能性もあります。また、介護職の体格や、利用者と介護職との関係性も影響します。

　したがって、利用者の疾病や障害、生活目標等をふまえた技術が提供できていれば、方法は完全に統一されている必要はないといえます。教えてくれる人の言葉やそのときの状況をふまえ、**一度、意見として受け入れたうえで検討し、実践する**ことを心がけましょう。

　根拠や介護目標の解釈が人によって大きく異なるような場合は、カンファレンスの場を利用して、意見交換をする必要があります。介護計画と手順書などを確認しながら、計画どおりに実施できているか、それが利用者の生活の営みにおいて誤ったかかわりになっていないか、過剰な支援になっていないか（エンパワメントの視点を忘れていないか）などを見直す大切な機会になります。

　誰に従うのが正解かを考えるのではなく、かかわり方や支援の内容を見直すタイミングだと気づくことが重要です。

介護技術は、誰の指示に従うかが大事なんじゃないんだね！

**017**

## 5 自分の介護技術に自信がもてない……

**考えてみよう！** なぜ、自信がもてないのかな？

　介護職のAさんは、テキストを読んだり、研修に参加したりして、介護技術を熱心に学んでいます。しかし、どうしても自分の介護技術に自信がもてません。

Aさんはたくさん学んでいるのに、どうして自信がもてないのかなあ。

学んだとおりに現場で実践（じっせん）しても、うまくいかない経験が重なってしまったのかもしれないね。自信をもって介護を行うにはどうしたらいいか、考えてみよう。

Part 1　介護技術の前に

> 確認しよう！　現場でうまくいかない理由は？

### チェック 1　研修との環境の違いを把握できていない！

　研修時の環境と利用者の生活環境には違いがあります。移乗であれば、ベッドの高さ、車いすの位置、利用者と介護職の位置関係など、さまざまな環境の影響を受けます。環境が異なれば、同じ方法でもうまくいかないケースは多々あります。

### チェック 2　利用者の状態を把握できていない！

　利用者の認知機能や身体機能をきちんと把握できていなければ、その利用者に適した介護技術は提供できません。研修で身につけた技術をそのまま利用者に当てはめると、利用者が「技術」に振り回されることになり、うまくいきません。

### チェック 3　介護のイメージができていない！

　目の前の利用者の状態を理解し、自信をもって介護を行うためには、まずその利用者のADL（日常生活動作）を適切に評価することが重要です。そこを確認しないまま介助を行っても、うまくいきません。また、いつまでもいわゆる「全介助」から抜け出せないことになります。

利用者さんの状態も環境も研修とは違うからうまくいかないのか……

だから、利用者さんの状態や環境を丁寧にアセスメントする必要があるんだよ。

**019**

**どうしたらいいの？** 基礎をしっかり固めよう

**ポイント 1** 利用者に伝わる声かけをして、同意を得て、介護を行う環境を整える

**ポイント 2** 介護技術を提供する前に、利用者のADLについて評価する

**ポイント 3** 介護技術を提供する際に、学んだ基礎知識（きそちしき）をふまえ、動作のどの部分にどのような支援が必要であるかをイメージする

**ポイント 4** 利用者一人ひとりについて、本人のペースや意欲を引き出すかかわり方をふまえ、関係を築く

### 研修で学んだことを実践にいかすには？

「研修で学んだことをいざ現場に戻って実践しようとしたら、なぜかうまくいかなかった……」という話をよく聞きます。研修で学んだことを現場で実践するためには、必ず押さえなければならないポイント（科学的根拠（がくてきこんきょ））を理解することが大切です。研修会場では、何となくわかったような気になりますが、「実践する」「伝える」にはそのためのポイントを押さえる必要があるのです。

基礎をしっかりと固めて、成功体験を重ねていくと自信につながるよ！

Part 1　介護技術の前に

## ● 日々の実践を必ず振り返って、確認しよう

　自分の介護技術に自信をもつためには、まずは加齢や障害、疾病に関する基礎知識をふまえ、**一人ひとりの利用者のADLを正しく把握する**ことが大切です。そして**日々の実践を必ず振り返り**ましょう。

　介護技術を提供する際には、毎回、利用者の認知機能と動きを確認し、それに応じた声かけや支援方法をイメージします。また、利用者と介護職の位置関係や重心移動の方法も確認します。その内容・方法を**利用者に説明し、同意を得て実践する**ことで少しずつ自信がついてくるはずです。どのような支援がどのくらい必要なのか、**介助の方向、スピード、タイミングなど、一つひとつを確認しながら実践を重ねる**ことで、利用者に不安や不快感を与えることなく介護技術を提供できるようになります。

　自分の介護技術に自信がもてないと、不安やあせりが利用者にも伝わり、利用者も緊張や不安から本来の動きができなくなってしまう可能性があります。それが、膝折れや手すりをつかんだ手が離せないという状況につながることもあります。

### 介助の種類

①自己介助　→　弱い部分を自分自身のほかの部分で手助けして動かす
　例：麻痺側の動きを健側で補いながら、寝返りをうつこと。
②言葉による介助　→　介護職が言葉を使って動作・活動を支援する
　例：手すりのどの部分を持つと立ち上がりやすいかを言葉で伝えること。
③視線・指さし介助　→　介護職が視線や指さしなどで動作・活動を支援する
④直接介助　→　介護職が腕や足などを使って動作・活動を支援する
⑤精神的介助　→　介護職がそばにいることなどにより精神的に支える

# Part 2
## 体位変換・移動・移乗

特に「移乗」は、身体の使い方が難しいなあ。

移動や移乗は、すべての生活動作のはじまりだから、とても大切だよ。

# 1 車いすの操作

## 1 段差の昇降のたびに恐怖感を与えてしまう……

**考えてみよう！** なぜ、利用者は怖がっているのかな？

　介護職のAさんは、ティッピングレバーを強くふみ込み、グリップを押し下げてキャスタを上げています。この場面で利用者Dさんは、恐怖を感じているようです。

ちゃんとティッピングレバーをふんでキャスタを上げているよ。どこがいけないのかなあ？

バランスがうまくとれていないようだね。不安定だからDさんは怖がっているんじゃないかな。

Part 2 体位変換・移動・移乗

**確認しよう！** バランスがくずれる原因は？

チェック **1** 利用者に説明をして、了解を得ていない！

チェック **2** 車いすが段差に対して直角になっていない！

### チェック **1**　利用者に説明をして、了解を得ていない！

　段差を上がることやどのくらい傾くのかが伝わっていなければ、利用者は、「後ろに倒れてしまう」という恐怖感から、身体を前傾するため、重心が前にかかり、危険な状況になります。

### チェック **2**　車いすが段差に対して直角になっていない！

　車いすを段差に対して直角につけていないと、片方のキャスタが段差にうまく上がらず、バランスをくずしてしまいます。

**どうしたらいいの？** 車いすの安全な操作方法を身につけよう

段差を上がりますので、後ろに少し傾きます。

**ポイント 1** 利用者の認知機能（理解度）に合わせてどのように介助するのかを説明し、同意を得る

**ポイント 2** 車いすを段差に対して直角につける

**ポイント 3** グリップを下方向に押し、ティッピングレバーに体重をかけてしっかりふみ込んで、キャスタを上げる

**ポイント 4** 後輪を段差に当て、グリップを持ち上げながら、車いすのバックサポートに体重をかけて押す

ティッピングレバーをふみ込んだとき、Dさんは「後ろに倒れそう……」と感じたんだね。

## ● 丁寧な説明と重心移動を意識して操作しよう

　安全に、利用者に恐怖感を与えることなく段差を上がるには、具体的な動きを説明し、**利用者に体勢と気持ちの準備をしてもらうこ**とが大切です。動きのイメージができていなければ、利用者は「後方に倒れそう」などと恐怖を感じ、車いすのアームサポートにしがみつくことになります。そうなると、重心が前方に移動するのでバランスがくずれ、より不安定になってしまいます。また、後輪を上げる際には「前方に倒れそう」と感じ、今度は後方に反るような姿勢となり、バランスをくずしやすくなります。

　常にバランスを保持するために、**利用者と介護職の重心移動**を意識します。

　利用者が安心してバックサポートに体重をあずけていられるよう、丁寧な説明とポイントを押さえた操作を行いましょう。

### 段差の下り方のポイント

①利用者に段差を下りることを説明し、同意を得る
②段差に対して車いすを直角につける
③後輪からゆっくり下ろす
　※足を前後に開き、前側の足から後ろ側の足にゆっくりと重心を移動しながら操作する
④利用者の体重が車いすの背もたれにかかっていることを確認し、キャスタを上げた状態で少し後ろに下がる
⑤ティッピングレバーに足を置き、キャスタを下ろす

## ② 下り坂も前向きのほうがよい?!

**考えてみよう！** 利用者は、なぜつっ張っているのかな？

　ゆるやかな下り坂を前向きに進んでいます。利用者 E さんはずいぶん身体に力が入ってしまっているようです。

前向きのほうが操作しやすいし、そんなに急な坂ではないから問題ないと思うんだけど……？

確かにゆるやかな傾斜だけど、E さんは恐怖を感じているみたいだね。危険な点はないか、確認してみよう！

Part 2　体位変換・移動・移乗

**確認しよう！**　危険な点は？

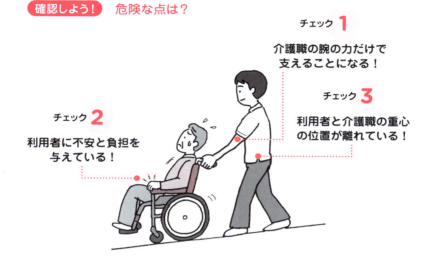

### チェック 1　介護職の腕の力だけで支えることになる！

傾斜がゆるくても、下り坂ではスピードが出たり、ブレーキがききにくくなったりします。そのときに前向きに進んでいると、介護職の腕の力だけで支えることになり、危険です。

### チェック 2　利用者に不安と負担を与えている！

傾斜がゆるくても、前向きで下り坂を進むと、利用者は前方に落ちそうに感じます。恐怖心と不安感から反り返ったり、全力でふん張ったりするため、身体的にも大きな負担となります。

### チェック 3　利用者と介護職の重心の位置が離れている！

下り坂を前向きに進んだ場合は、利用者の重心の位置は前方に移動します。一方で、それを支えるために、介護職は後方に重心を移動しようとします。その結果、両者の重心の位置が離れ、介護職は車いすをコントロールしにくくなり、危険です。

029

**どうしたらいいの？** 利用者の了解を得て、「後ろ向き」でゆっくり進もう

ポイント **1** 利用者の認知機能（理解度）に合わせて、後ろ向きに進むことを説明し、同意を得る

ポイント **2** 腰を落とし、体重を後方にかけて歩幅を広くとり、ゆっくりと下る

ポイント **3** 利用者の背中が車いすのバックサポートに密着し、重心が後方に移動していることを確認する

ポイント **4** ブレーキがある場合は使用しながら下る

後ろ向きに進むときは、進行方向に危険がないか十分に注意しよう！

## ● 重心の位置を意識して「後ろ向き」に進もう

　下り坂を安全に、利用者に不安感を与えることなく進むには、**車いすの特徴を理解すること、利用者と介護職の重心の位置を意識すること**が大切です。車いすの操作について、「下り坂は、絶対に後ろ向きに進まなければならない」と覚えるのではなく、前向きに進んだ場合の危険性を理解し、環境や状況に合わせて選択することが大切です。

　利用者によっては、後ろ向きに進むことに恐怖や不安を感じる人もいると思います。そのときは、なぜ後ろ向きに進むのかを丁寧に説明する必要があります。

　また、安全のために、利用者の身体がシートに深く沈み、**背中がバックサポートに密着して重心が後方にあること**を確認します。傾斜の角度によって重心が移動し、バランスが変化することも理解しましょう。

### 斜面が急な場合は？

傾斜が急な下り坂では、まっすぐ進むのではなく、斜めに蛇行するように進むと危険性が軽減します。

ゆるやかな下り坂でも、前向きだと利用者さんに負担をかけてしまうんだね。

031

## 3　2台の車いすを同時に押して効率アップ?!

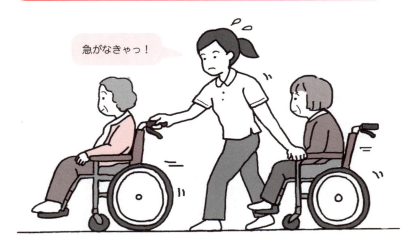

**考えてみよう!**　本当に効率アップになっている?

　介護職のAさんは、2台の車いすを同時に操作して、食堂に急いでいます。この方法は、本当に効率アップになっているでしょうか。

　介護職の人数も限られているし、時間までに食堂に行くためにはいい方法なんじゃないかなあ?

　時間に対するプレッシャーはあるよね。でもこの方法は、本当に効率がいいのかな。危険はないかな。

Part 2　体位変換・移動・移乗

**確認しよう！**　危険な点は？

**チェック 1**　後ろにいる利用者の状況が見えない！

介護職の後ろにいる利用者が、壁や物にぶつかりそうになったり、前方に転倒（てんとう）しそうになったりしても気づくことができません。

**チェック 2**　前にいる利用者を支えることができない！

介護職の前にいる利用者がバランスをくずし、前方に転倒しそうになっても、とっさに身体を支えることができません。

**チェック 3**　車いすをコントロールしにくい！

グリップを両手でにぎり、後ろから正しく操作する場合に比べ、車いすのスピードや向きのコントロールが難しくなります。そのため、後ろの車いすが介護職や前の車いすにぶつかるなど、利用者も介護職もけがをする危険があります。

特に、後ろの車いすは、引く力の加減でスピードが出やすいよ。

033

> どうしたらいいの？　急いでいても、車いすは1台ずつ操作しよう

「後ほどご案内しますので、少しお待ちください。」

**ポイント1** 事故やけがの危険を考えて、1台ずつ操作する

**ポイント2** 効率よりも利用者と介護職の安全を優先する

## 🌱 こんな介助も見直そう

　グリップではなく、アームサポートを持って車いすを押している状況を見かけることがあります。この方法は、利用者に密着しすぎて圧迫感や不快感を与えます。
　また、前かがみの状態が続くので、介護職は腰を痛めますし、視野がせまくなり、危険を察知しにくくなります。

Part 2　体位変換・移動・移乗

● 効率よりも、安全・安心を優先しよう

　車いすを2台同時に操作する方法は、一見、効率がよさそうに見えます。しかし、利用者や周りの状況をしっかり見て介助しなければ、当然、事故やけがにつながる可能性があります。

　また、利用者がバランスをくずしたり、予想外の動きをしたときに、支えることができなければ、大きなけがをさせてしまうかもしれません。実際に、転倒・転落や表皮剥離などをさせてしまった例や、後ろの車いすのフットサポートが介護職の足にぶつかり、介護職がけがをした例もあります。

　介護施設は、**利用者の安全・安心を守る生活の場**です。細心の注意を払っても事故は起こる可能性があるため、日頃から、**効率よりも事故やけがを予測し、予防する視点を優先する**ことが大切です。

 車いす介助の注意点

- ☑ 急発進や急停止、急カーブの走行はしない
- ☑ 傾斜や段差、溝などがある場所、砂利道、砂地などはできるだけ避ける
- ☑ 砂利道など凸凹のある場所を通るときは、キャスタを上げた状態で進む
- ☑ 溝などの格子状のふたの上は、キャスタが溝にはまらないように斜めに通過する
- ☑ 一人での介助が難しい場面では、無理をせずに周囲の人に協力を求める

効率よりも、安全・安心を優先するのは当然だね！

035

## 車いすを止めるときは、ブレーキだけ注意しておけばよい?!

**考えてみよう!** この状態で、離れても大丈夫?

　介護職のBさんは、車いすを止めて、利用者Gさんがブレーキをかけるところを確認しています。また、Gさんの座位(ざい)は安定しています。このままGさんのそばを離れても大丈夫でしょうか。

車いすのブレーキも確認しているし、Gさんの座位も安定しているから、大丈夫じゃないかなあ?

ブレーキと座位バランスはOKだね。でも、車いすの特徴(とくちょう)を考えると、安全とはいえないんじゃないかな。

Part 2 体位変換・移動・移乗

### 確認しよう！ ブレーキと座位バランス以外に見るべき点は？

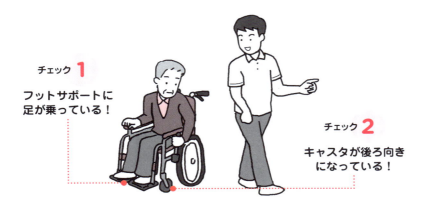

チェック **1**
フットサポートに足が乗っている！

チェック **2**
キャスタが後ろ向きになっている！

### チェック **1** 　フットサポートに足が乗っている！

　車いすを止めたときにフットサポートに足が乗っていると、利用者がとっさに立ち上がろうとした際に、フットサポートの上に立つことになり、バランスをくずして転倒する可能性があります。

### チェック **2** 　キャスタが後ろ向きになっている！

　キャスタが後ろ向きだと、利用者がフットサポートをふみ込んだときに後輪が浮き、車いすから転落する可能性があります。

ブレーキと姿勢に加えて
キャスタの向きも
大事なんだね！

**どうしたらいいの？** 利用者の姿勢と、ブレーキ、キャスタをチェックしよう

いすを持ってきますので少しお待ちください。

| ポイント 1 | 車いすを止めたら、必ずブレーキをかける |
| --- | --- |
| ポイント 2 | キャスタを前向きにする |
| ポイント 3 | 利用者の足をフットサポートから下ろし、足の裏全体が床にしっかりつくように姿勢を整える |
| ポイント 4 | 必要に応じて、いすへの移乗を支援する |

なんで、いすに移乗するの？

車いすは移動するための道具だから、食事のときや、長い時間座るときは、いすのほうがいいよ！

Part 2　体位変換・移動・移乗

● **車いすを止めたら、ブレーキ、キャスタ、フットサポートを確認しよう**

　車いすは移動するための道具なので、走行時に利用者の重心が後方にかかるようにつくられています。そのため、ブレーキをかけ、キャスタが後方に向いた状態で、重心が前方にかかると、バランスがくずれ、後輪が浮いてしまい、大きなけがにつながります。

　基本的には、移動時以外には**フットサポートから足を下ろす必要**があります。**福祉用具は利用者の生活を支える便利なもの**ですが、**使い方を間違えれば、多くの危険を伴うものでもある**ことを忘れないようにしましょう。

　**車いすの「正しい」広げ方は？**

　車いすを広げる際に、バックサポート側から広げる人を見かけることがあります。この方法では、腰を曲げることになり、腰痛（ようつう）の原因になります。
　正しくは、足を適度に広げ、前方から腰を曲げずに重心を落として広げます。正しい車いすの広げ方を確認し、自分の身体を守ることを考えましょう。

ブレーキ、キャスタ、フットサポートを必ず確認しよう！

039

# 2 歩行介助
（杖・歩行器・手引き歩行）

## 1 手引き歩行が可能と言われたけれど、転倒しそうで怖い

**考えてみよう！** なぜ、転倒しそうになるのかな？

　介護職のAさんは、利用者Hさんの手をしっかりと支えています。しかし、Hさんは、今にも転倒しそうに見えます。

しっかりと手を支えて歩いているよ。どこがいけないのかなあ？

確かに、手はしっかり支えているね。でもこの姿勢で安心して歩けるかな。

Part 2　体位変換・移動・移乗

**確認しよう！**　重心の位置を意識している？

### チェック 1　利用者と介護職の重心移動のタイミングが合っていない！

利用者と介護職の左右への重心移動のタイミングが合っていないと、重心が支持基底面からはずれ、バランスをくずして転倒する危険があります。

### チェック 2　重心が前方にかかっている！

手を引っ張られることで重心が前方に移動し、バランスがくずれやすくなります。

### チェック 3　膝が上がらない！

前に引っ張られて歩くと、膝が上がらないため、つま先が床から離れず、つまずきやすくなります。

**歩行のしくみ**

①重心移動：重心を左右に移動することにより片足を上げ、バランスを保つ
②回旋運動：身体をひねる運動により前に進む
③膝を上げる：膝を上げてかかとから着地する

立っているときの支持基底面は、両足を囲んだ線によってつくられる領域のことだよ。

041

どうしたらいいの？　**重心の位置を確認しよう**

ポイント **1**　重心が支持基底面に入るように利用者の姿勢を整え、体重が下肢(かし)に乗るようにする

ポイント **2**　手引き歩行では、利用者の肘(ひじ)を下から包み込むように支える

ポイント **3**　重心を左右にゆっくり移動しながら、足を前に出してもらう（回旋運動を意識して、軽くなったほうの足を前へ出す）

ポイント **4**　痛みがないか確認し、膝を上げてもらう

　**手引き歩行のポイント**

　膝を上げて足を前に出すときに、足が内側に入り込むと転倒する危険があります。外側に出すように声をかけましょう。

Part 2　体位変換・移動・移乗

● 歩行では、重心移動を意識しよう

　歩行において利用者がバランスをくずしやすいのは、**重心移動のタイミング**です。介護職は、**利用者の動きに合わせて重心移動を行う**とよいでしょう。同じタイミングで重心移動をしていると、万が一、利用者がバランスをくずしても、身体を支えやすくなります。

　また、回旋運動がうまくできないと、重心移動と足を出すタイミングが合わず、バランスをくずしやすくなりますし、膝が上がらないと、つま先が床に引っかかって転倒する危険があります。

　つまり、歩行介助では、これらの動作を利用者が安全に行えるように支援する必要があります。

　手引き歩行が可能と言われた利用者でも、**姿勢や重心の位置**など、歩行のための準備ができていなければ安全に歩くことができません。利用者と介護職との距離や「**歩行のしくみ**」(p.41) を確認して、介助しましょう。**歩行介助の様子を第三者にチェックしてもらう**ことも大切です。

**歩行のための姿勢の準備**

①足を肩幅に開き、耳・肩・腰・かかとが一直線になるように前を見る
②足に重心が乗っていることを意識する
③呼吸はいつもどおりにゆっくりリラックスして行う
④つま先は、痛みのない範囲でまっすぐ前に向ける
⑤手すりを活用する場合、肘の角度が30度程度になるようにする

姿勢の準備と歩行のしくみを押さえることが大事なんだね！

043

## 歩行器の「正しい使い方」がよくわからない……

**考えてみよう！** その歩行器は、利用者に合っている？

　利用者Ｉさんは、歩行器を使って歩いていますが、何だかフラフラしています。介護職のＢさんは、Ｉさんの真横について見守っています。

Ｉさんは何だか歩きにくそうだね。そもそも歩行器って、正しい使い方がよくわからないなあ。

歩行器にはたくさん種類があるから、それぞれの特徴（とくちょう）を理解して活用することが大切だね。高さの調節、介護職の見守りの方法を考えてみよう！

Part 2 体位変換・移動・移乗

**確認しよう！** どこがダメ？ なぜダメ？

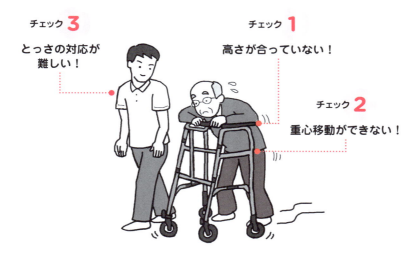

チェック3 とっさの対応が難しい！

チェック1 高さが合っていない！

チェック2 重心移動ができない！

### チェック1　高さが合っていない！

　前腕支持式歩行器の高さが高すぎると、寄りかかるような姿勢になり、バランスをくずしてしまいます。

### チェック2　重心移動ができない！

　歩行器に寄りかかっているため重心移動ができず、体幹をひねったり、膝を上げて足を出したりする動作ができません。

### チェック3　とっさの対応が難しい！

　利用者の真横で介助や見守りを行うと、とっさの対応ができません。

どうしたらいいの？　**正しい姿勢で使えるようにしよう**

いいですね。
しっかり歩けていますね。

**ポイント 1**　前腕支持式歩行器の高さを、肘が約90度に曲がるように調節する

**ポイント 2**　必要に応じて利用者の腸骨を支え、左右の重心移動がうまくできているか、回旋運動ができているか、足が前にしっかり出ているかなどを確認する

**ポイント 3**　介護職は利用者の後方で、見守りや介助をする

### 固定式歩行器の使い方

①持ち手の高さを大転子に合わせる
②歩行器を小さく前に出す（大きく出すと転倒の原因になる）
③患側の足を前に出す（歩行器が安定していることを確認して足を出す）
④健側の足を前に出し、そろえる（患側の足より前に出すと転倒の原因になる）

046

Part 2　体位変換・移動・移乗

## ● 歩行器の特徴と姿勢を意識しよう

　利用者が使用している歩行器について、どのような機能を備えているのか、どのような人に適しているのかをきちんと理解することが大切です。

　歩行器は、利用者の身体状況に合わせて歩行動作を支援する福祉用具です。したがって、**常に利用者の状態を把握し、介助方法や介助の量を検討する**ことも大切です。**状態に変化が見られれば、歩行器の種類や使用すること自体を見直す**必要も出てきます。

　見直しの際には、利用者のADL（日常生活動作）の維持・改善につなげることを意識しましょう。

### 歩行器の特徴

| 種類 | 特徴 | 主な対象者 |
|---|---|---|
| 前腕支持式 | 肘かけがある | 下肢に痛みがある人、筋力やバランスをとる力が低下している人に適している。ただし、段差などがあるところでは使いにくい。 |
| 固定式 | 車輪がなく、持ち上げて前に出す | 手指や手首に痛みがなく、また、関節の動き、握力に問題がなく、肩や肘の筋力が保たれていて、立位が安定している人に適している（持ち上げたときに後方にバランスをくずしやすいため）。 |
| キャスタ式 | 車輪付きで、押して前進する（前後どちらかに車輪があるものと、両方に車輪があるものがある） | 主な対象は、固定式と同じ。前の2脚にのみ車輪が付いているものは、後脚を持ち上げて前方に進むため、腕の力が必要になる。 |

**047**

## 3 杖歩行の「2動作歩行」と「3動作歩行」は利用者が歩きやすいほうでよい?

**考えてみよう!** 2動作歩行? それとも3動作歩行?

　介護職のAさんは、利用者Jさんと杖歩行の練習をしています。2動作歩行で歩いてみたところ、Jさんはふらついて転びそうになってしまいました。

2動作歩行と3動作歩行があるけど、Jさんにはどちらがいいのかなあ?

歩行動作は、利用者さんの障害の程度、身体状況によって変わるよ。Jさんにはどちらが適しているか考えてみよう!

Part 2　体位変換・移動・移乗

> 確認しよう！　どこがダメ？　なぜダメ？

### チェック 1　杖をつく位置が近すぎる！

杖と患側の足、健側の足の位置関係が悪く、バランスをくずしやすくなっています。

### チェック 2　杖の長さ、持ち方が正しくない！

杖が長すぎて持ち方も正しくないため、つき方が不安定になり、転倒する危険があります。

### チェック 3　体重が、しっかり杖に乗っていない！

歩行の際の重心移動のタイミングが合わず、体重が杖に乗っていないと、歩行バランスがくずれてしまいます。

049

**どうしたらいいの？** 利用者の歩行の状態から判断しよう

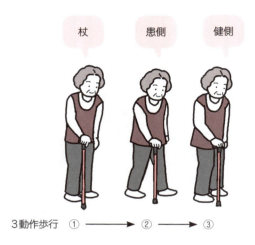

3動作歩行　①　→　②　→　③

**ポイント1**　杖と患側の足を同時に出すことができて、歩行バランスがくずれなければ2動作歩行

**ポイント2**　杖と患側の足を同時に出すことができない、または、同時に出すとバランスがくずれてしまう場合は3動作歩行

**ポイント3**　2動作歩行でも3動作歩行でも、「**歩行のしくみ**」（p.41）ができているかを確認する

**ポイント4**　杖の長さは大転子に合わせ、健側の手に持ったときに肘の角度が30度前後になるようにする

杖に頼りすぎて、過度に体重がかかってしまう場合も転倒する可能性があるよ。

## ● どちらが適しているか、きちんと検討しよう

　考え方として大きく分けると、**障害が軽ければ2動作歩行**の可能性が高くなり、**重くなると3動作歩行**の可能性が高くなります。
　どちらが適しているかを検討するには、**利用者が歩いている様子をよく観察する**ことが大切です。同じ2動作歩行でも、健側の足が先に出した患側の足よりも前に出る場合、患側の足と健側の足がそろう場合、患側の足より健側の足がやや後ろにある場合など、利用者の身体状況によって足の運び方や姿勢のバランスが異なります。
　歩行の介助では、杖と足の位置、歩行バランス、杖の長さ、持ち方などを確認します。利用者に適した歩行動作を支援できると、転倒の危険を軽減することができます。

### 杖の正しい使い方

＜長さ＞
つま先から前へ約15cm、外側へ約15cmの場所に杖先をつき、肘を約30度曲げたときににぎり手がくる高さに合わせます。
＜持ち方＞
にぎり手の短いほうを前にして、人差し指と中指の間で支柱をはさむようににぎります。
＜つく位置＞
杖と患側の足、健側の足で「三角形」をつくります。

### 杖の点検

①杖の先のゴムのすり減り具合を確認する（ごみが付いていたり、すり減ってつるつるしていたりすると、杖がすべって転倒する危険がある）
②調整部分のボタンの破損やがたつきがないかを確認する
③利用者の身体に合った長さを確認する（大転子の高さに合わせる）

## ④ シルバーカーのブレーキは、正しく使えている？

**考えてみよう！** なぜ、尻もちをついてしまったのかな？

　利用者Kさんは、シルバーカーに座ろうとして、尻もちをついてしまいました。ブレーキをかけ忘れてしまったようです。

シルバーカーのブレーキってどうやってかけるの？ Kさんは使い方を知っていたのかなあ？

ブレーキのかけ忘れの事故はとても多いよ。シルバーカーのブレーキの使い方を確認してみよう！

Part 2 体位変換・移動・移乗

> 確認しよう！　ブレーキは、きちんとかかっている？

### チェック 1　利用者が正しい使い方を理解していない?!

利用者自身がシルバーカーの操作方法を理解していなかったり、忘れてしまったりすると、ブレーキのかけ忘れが起こります。

### チェック 2　利用者の握力が足りない?!

ブレーキをかけられるだけの十分な握力がなければ、「かけたつもり」でかかっていない状況が生じます。

### チェック 3　ブレーキを定期的に点検していなかった?!

日頃(ひごろ)の点検ができていないと、ブレーキをかけたとしてもきき具合が悪い可能性があります。

高齢者は、転倒(てんとう)などの衝撃(しょうげき)で圧迫骨折や股関節(こかんせつ)付近(ふきん)の骨折を起こしやすいよ。

座るときにはブレーキをきちんとかけないと大変なことになるんだね。

**どうしたらいいの？** ブレーキを正しく使えるようにしよう

しっかりブレーキをかけられましたね。

| ポイント 1 | シルバーカーの特徴(とくちょう)、正しい使い方を説明し、定期的に、一緒に操作方法を確認する |
| --- | --- |
| ポイント 2 | 利用者の理解力や握力などをふまえ、実際にブレーキをかけられるかどうか確認する |
| ポイント 3 | バランスをとりながらゆっくりと座ることができるように支援する（勢いよく座ると、ブレーキをかけていても動くことがあるため） |
| ポイント 4 | 定期的にブレーキのきき具合の点検をする |

介護職がいないときでも、ブレーキを正しくかけられるように練習が必要だね！

## ● 正しい使い方を利用者と一緒に確認しよう

　シルバーカーは、歩行は安定しているものの、膝や腰に疲れや痛みを生じやすい人の歩行を助けるものです。荷物を収納するカゴがついているものや、カゴの上に座れるものもあります。個々のシルバーカーの特徴を理解するとともに、**利用者と一緒に、特徴や使い方を確認する**ことが大切です。

　具体的には、**ブレーキのかけ方やシルバーカーに座るときの動作の確認**を行います。ブレーキをかけ忘れたり、勢いよく座ったりすると、転倒につながる可能性があるため、利用者の身体状況や認知機能に応じて、定期的に、確認するようにしましょう。

### シルバーカー使用時の際のチェックポイント

- ☑ ハンドルの高さを調節する
  ※肘が軽く曲がり、少し前傾姿勢になるように調節する
- ☑ ブレーキがかけられるか、操作を確認する
- ☑ カゴから荷物の出し入れができるか確認する
- ☑ 見守る際は、利用者の「斜め後ろ」に立つ
- ☑ 歩行器に比べて歩行を安定させるための機能は低いことを理解しておく

定期的に確認することが大事だよ。

## 5 歩行動作の「見守り」は、どこを見たらよい？

足元が大事、大事……

**考えてみよう！** 利用者の歩行のじゃまになっていない？

　利用者Lさんは、歩行に「見守り」が必要です。介護職のAさんは、Lさんの真横にぴったり寄り添い、足元をじっと見ています。でも何だかLさんは、歩きにくそうです。

Lさんのそばについて、足元をしっかり観察しているね。Lさんが歩きにくそうなのはどうしてかなあ？

足元ばかりに集中して、Lさんの歩行のじゃまになっていないかな。危険を予測し、対応することができるかな。

Part 2　体位変換・移動・移乗

**確認しよう！**　利用者が歩きにくい原因は？

**チェック 3**

利用者の足元しか
見ていない！

**チェック 2**

介護職が真横にいるため、
重心移動ができない！

**チェック 1**

足がぶつかっている！

**チェック 1**　　足がぶつかっている！

　足がぶつかると、利用者はバランスをくずし、転倒する危険があります。

**チェック 2**　　介護職が真横にいるため、重心移動ができない！

　歩行動作では、重心を左右に移動しながら足を交互に前に出します。介護職が真横にぴったりくっついていると、利用者は重心移動ができず、反対側の足を前に出しにくくなります。

**チェック 3**　　利用者の足元しか見ていない！

　利用者の真横で足元ばかり見ていると、全身が見えていないため、利用者がバランスをくずした際に、気づくのが遅れたり、とっさに支えたりできず、転倒する危険があります。

**057**

**どうしたらいいの？** 利用者の「歩行動作」を確認しよう

いいですね。
しっかり歩けています。

**ポイント 1** 利用者の歩幅(はば)を意識し、同じ側の足を出すことでぶつからないようにする

**ポイント 2** 利用者の全身が見えるように、利用者の後方（斜め45度くらい）に位置し、すぐに支えられるように準備をしておく（必要以上に利用者に触れない）

**ポイント 3** 左右の重心移動、身体をひねる動き、膝(ひざ)を上げて足を前に出す動きができているかどうかを確認する（**歩行のしくみ**（p.41））

 歩行介助の留意点

利用者の腕を抱えるような姿勢で歩行介助をしている場面を見かけることがあります。この状況では、利用者は、抱えられた側に引っ張られ、重心を反対側に移動することが難しくなります。その結果、歩行動作が難しくなることがあります。

058

Part 2 体位変換・移動・移乗

## ● 利用者の歩行をじゃましないように「歩行動作」全体を観察しよう

　身体のしくみ、動きのしくみを理解することによって、見守りのポイントがわかるようになります。

　歩行動作の見守りでは、**「歩行のしくみ」（p.41）を理解し、それが正しく行えているかを確認**します。そこを意識すれば、必要以上に利用者に触れることも、近づきすぎてじゃまになることも、足がぶつかってしまうことも避けられるはずです。

　支えが必要な利用者も多くいますが、その際にも介護職側に引っ張ってしまわないように注意しましょう。左右の重心移動をさまたげ、歩行動作が難しくなります。介助するつもりが、じゃまをしてしまう可能性もあることに注意が必要です。

### 見守りは「ペンギン歩き」で

　歩行の介助では、利用者と介護職の位置関係が重要です。介護職は、利用者の後方（斜め45度くらい）に位置し、足を逆「ハ」の字に開いて、利用者の重心移動に合わせて進みます（ペンギンのように……）。この体勢であれば、利用者が前後に倒れそうになっても、躊躇なく足をふみ出すことができます。

歩行の介助では、「じゃまをしない」ということが大切なんだね！

059

# 3 寝返り

## ① 体位変換は、体力と筋力をつければ誰でもできる?

重いな、動かないな……

**考えてみよう!** 筋力をつければできる?

　介護職のBさんが、仰向けで寝ている利用者Mさんの寝返りの介助を行っていますが、うまくできない様子です。Bさんの力が足りないのでしょうか?

力があれば体格のいいMさんの寝返りの介助もできると思うなあ。やっぱり体力と筋力が必要なんじゃないかなあ?

本当に体力や筋力の問題かな? このまま寝返りの介助を行った場合、BさんにもMさんにも、相当な負担がかかるんじゃないかな。

Part 2 体位変換・移動・移乗

> 確認しよう！　寝返りができない原因は？

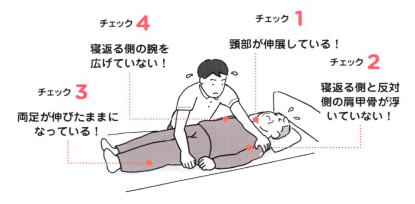

チェック**4**　寝返る側の腕を広げていない！

チェック**1**　頸部が伸展している！

チェック**2**　寝返る側と反対側の肩甲骨が浮いていない！

チェック**3**　両足が伸びたままになっている！

### チェック **1**　頸部が伸展している！

　頸部（首の部分）が伸展していると、「反回旋の立ち直り反応（ねじれを戻そうとする動き）」が表れにくくなります。また、腹筋に力が入りにくく、動きが制限されます。

### チェック **2**　寝返る側と反対側の肩甲骨が浮いていない！

　寝返る側と反対側の肩甲骨がベッドに接地したままだと、体重が左右均等にかかっており、簡単には寝返ることができません。

### チェック **3**　両足が伸びたままになっている！

　両足を伸ばしたままだと、接地面積が広く姿勢が「安定」して、回転しにくくなります。

### チェック **4**　寝返る側の腕を広げていない！

　寝返る側の腕をベッドの縁に広げておかないと、寝返り後の姿勢が安定しません。また、腕が身体の下敷きになる可能性もあります。

**061**

🟠 どうしたらいいの？　寝返るための準備をしっかりしよう

| ポイント 1 | 頸部を前屈してもらい、寝返りをする方向に視線と顔を向けてもらう |
| --- | --- |
| ポイント 2 | 寝返る側と反対側の肩甲骨を浮かせる |
| ポイント 3 | 膝を曲げて、支持基底面をせまくする（できない場合は足をクロスさせる） |
| ポイント 4 | 寝返る側の腕を広げて、寝返る側の支持基底面を広げる（寝返りできる広さも確保する） |
| ポイント 5 | 寝返る側に膝からゆっくり倒して、体幹のねじれを起こす |

寝返りの介助には、こんなに準備が必要なんだね！

## ● 身体のしくみと反応を理解して「寝返り」を介助しよう

　寝返りの動作（体位変換）は、おむつ交換や着替え、褥瘡予防などの目的で、1日に何度も行います。したがって、**利用者にも介護職にも、できるだけ負担をかけずに行いたい**ものです。利用者は、苦痛が伴うと、身体に余計な力が入ってしまったり、反射的に拒否するような動きをしてしまったりします。その結果、介護職もより大きな力を出すことになり、悪循環です。まずは、身体の重心移動を意識し、**力まかせで介護を行わない**ようにしましょう。

　寝返りの動作をはじめる前に、①頸部を前屈させる、②寝返る側と反対側の肩甲骨を浮かす、③下肢を曲げて支持基底面をせまくする、④寝返る側の上肢を広げるの四つを確認します。そして、介護職は下肢からゆっくり倒して、体幹のねじれを起こし、上半身も回転させます。一つひとつの動作を、ゆっくり、確認しながら行うことで、利用者の苦痛と負担の軽減につながります。

### 利用者の下肢を曲げるときの留意点

　高齢者の皮膚は弱く、表皮剥離などを起こしやすくなっています。下肢を曲げる際は、摩擦により、傷つけたりしないように、かかとと膝の裏の2関節を支えましょう。

### 腰痛のある利用者では

　腰痛のある利用者の場合、片方だけでも膝を立てることによって、骨盤の前傾を防ぎ、腰椎の負担を軽減することができます。腰椎のねじれによって痛みが強くなる場合は、体幹がねじれないように、ゆっくりと、身体全体を同時に回転させるとよいでしょう。

## 2 体位変換は、単に「姿勢」を変えること?!

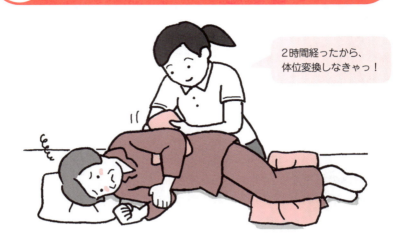

> 2時間経ったから、体位変換しなきゃっ!

**考えてみよう!** 体位変換の目的は何かな?

　介護職のAさんは、2時間経過したので、研修で教わったとおりに、利用者Nさんの体位変換を行っています。でも、Nさんの表情はすぐれません。

「体位変換は2時間おきに」って教わったことがあるよ。姿勢を変えるだけじゃダメなのかなあ?

体位変換の目的を考えたことはあるかな。なぜNさんの表情はすぐれないのかな。

Part 2　体位変換・移動・移乗

**確認しよう！**　利用者の「不快」の原因は？

**チェック 1**　体位変換が必要な利用者の状態を理解していない?!

　体位変換は、自分自身で体位を変えることが難しい利用者に対して行います。したがって、一定時間、同じ姿勢を保ち続けたら身体はどうなるか、どんな体位にするとよいのかを考える必要があります。

**チェック 2**　体位を変えただけで、「圧抜き」をしていない！

　単に体位を変えるだけで、「圧抜き」をしなければ、利用者の苦痛や不快感は改善されません。

**チェック 3**　機械的に「2時間おき」に実施している！

　体位変換の時間は、利用者の心身の状態や福祉用具などの環境設定に応じて、2時間以内に行うこともあれば、4時間以内に行うこともあります。機械的に2時間ごとに行っていると、利用者の睡眠をさまたげる要因になることもあります。

**「4時間以内」でよいのは、どんなとき？**

　「褥瘡予防・管理ガイドライン（第4版）」では、基本的には2時間以内の間隔で体位変換を行うことをすすめていますが、適切に体圧を分散できる環境では、3時間ごとの体位変換を検討してもよいことになっています。例えば、粘弾性フォームマットレス（身体のラインに沿ってフィットするもので、人の体温に反応して圧力点を減らすことができるマットレス）を使用する場合は4時間以内でよいと示されています。

**065**

**どうしたらいいの？** 体位変換のタイミングをアセスメントしよう

**ポイント 1** 改めて体位変換のタイミングを検討する

**ポイント 2** 一人で体位変換を行う場合は、①頭→②上半身→③腰→④かかとの順に、部位ごとに動かす

**ポイント 3** ギャッチアップしたときも含めて、必ず圧抜きを実施する

## 体位変換を行う際のアセスメントのポイント

①組織の耐久性
　摩擦やずれ、湿潤（水分が多く、湿っていること）など外から受ける影響と、組織の修復力に影響する栄養状態、皮膚血流量、皮膚温、全身的疾患（糖尿病・動脈硬化、抗がん剤の治療やステロイドの投与など）などの身体状況を確認する

②皮膚の状態
　ずれなどによる皮下組織の変化と血流の状態を確認する

③活動性
　利用者が自分自身で動ける範囲を確認する

④可動性
　利用者自身で体位を変える力、整える力があるかを確認する

⑤全身状態
　食事の摂取状況（低栄養状態になっていないか）などを確認する

⑥体圧分散マットレスの種類（体圧分散能力）
　マットレスの種類により体位変換が必要な時間が異なるため、種類を確認する

　①〜⑥の項目をアセスメントし、利用者の生活スタイルに合わせたタイミングと方法を考えましょう。

Part 2　体位変換・移動・移乗

## ● 目的と利用者の状態に合わせて体位変換をしよう

　体位変換は、自分自身で身動きが取れない利用者に対して行う介助です。**褥瘡の予防や身体の苦痛の軽減を目的**に行います。したがって、決まりごとだからと、単に2時間おきに実施するのではなく、利用者の身体状況と体位変換の目的をふまえ、適切なタイミングで適切な体位変換を行うことが大切です。

　褥瘡予防のためには、**1か所への圧迫が長時間続く状態を避ける**必要があります。したがって、ベッドをギャッチアップした後など、体位変換後には必ず、ベッドと利用者の身体の接地面に手を差し入れて、「圧抜き」を行います。ベッドを倒したときも同様です。圧抜きは、スライディンググローブなどを活用すると簡単ですし、利用者の皮膚を傷つけずに行うことができます。

### 側臥位は「30度」？

　褥瘡予防のためには、「側臥位は30度で」とよくいわれます。しかし、実際にはこの姿勢だと身体のねじれが生じることも多く、利用者に苦痛を与えてしまう可能性があります。また、かえって摩擦が起こりやすくなる利用者もいます。つまり、側臥位は、絶対に30度でなければいけないのではなく、医療職と相談しながら、利用者の状態に合わせて調整する必要があるのです。

「スライディンググローブ」は、表面はすべりやすく、裏面はすべりにくい素材でできていて、利用者さんの体位変換や位置の修正の際に便利なグローブだよ。

##  「正しいポジショニング」がわからない……

**考えてみよう！** 正しいポジショニングって？

　介護職のBさんは、テキストにあるとおりの形をイメージして利用者Oさんのポジショニングを行いました。でも、Oさんはあまり楽そうではありません。

　ポジショニングは、身体の下にクッションを入れて、何となくバランスを保てればいいんじゃないかなあ？

　ポジショニングには、褥瘡予防や拘縮予防の目的があるよ。Oさんのポジショニングは、これで大丈夫かな。

Part 2　体位変換・移動・移乗

> 確認しよう！　「つらい姿勢」の原因は？

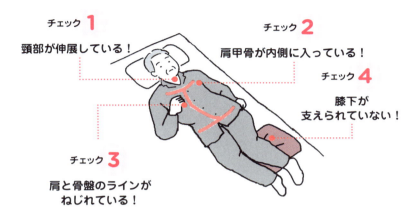

### チェック1　頸部が伸展している！

頸部（首の部分）が伸展していると筋緊張が強くなり、身体の反りが生じるため、安楽な姿勢が保たれず、身体がかたくなります。

### チェック2　肩甲骨が内側に入っている！

大胸筋、肩甲挙筋などの筋緊張により、肩甲骨が内側に引きつけられています。その結果、上肢全体の筋緊張がみられます。

### チェック3　肩と骨盤のラインがねじれている！

体幹のねじれが生じることにより、違和感や痛みから筋緊張がみられます。

### チェック4　膝下が支えられていない！

膝下にクッションを入れていますが、隙間があり、きちんと支えられていないため、筋緊張が高まっています。

**069**

**どうしたらいいの？** 筋緊張を軽減することを意識しよう

いかがですか。
つらいところはありませんか。

**ポイント 1** 頸部を軽く屈曲させる

**ポイント 2** 上肢全体をタオルなどで支え、肩甲骨を外側へ引き出す

**ポイント 3** 全身に「ねじれ」が生じないようにする

**ポイント 4** 腰が反らないように膝を軽く立ててマットレスとの隙間をうめる

**ポイント 5** 肩甲帯や骨盤帯に手を差し入れ、左右の圧が均等か確認する

 **身体のねじれを確認する方法**

全身に「ねじれ」が生じていないかどうかは、肩と骨盤の左右位置を見て傾いていないか確認しましょう。

Part 2 体位変換・移動・移乗

## ● まずは、ポジショニングの基本を理解しよう

ポジショニングの目的は、**快適で安定した姿勢や活動しやすい姿勢を提供すること**です。結果として、褥瘡や拘縮の予防、筋緊張の緩和や調整、呼吸状態や浮腫(ふしゅ)の改善などにつながる重要な技術です。

着替えの介助やおむつ交換などの際に、適切なポジショニングを行えると、**筋緊張が軽減し、利用者も介護職も負担なく身体を動かすことができる**可能性があります。反対に、筋緊張が強いまま介助を行うと、介助しにくいだけでなく、利用者に痛みや苦痛を与えてしまう可能性があることを理解しましょう。

### ポジショニングの基本

- ☑ 腰が反らないように、頸部は軽く屈曲させ、肩甲骨は外側に開く
- ☑ 頸部・体幹部など全身のねじれ・傾きをなくす
- ☑ 身体とマットレスの間に隙間をつくらない
- ☑ マットレスやクッションは、やわらかすぎるものは避ける

### 褥瘡予防のポジショニング

褥瘡の予防を目的としたポジショニングでは、クッションなどを用いて、できるだけ圧を取り除くことが重要です。皮膚のずれや摩擦(まさつ)をなくすために、骨の突出部位に圧がかかっていないかなどを丁寧(ていねい)に確認します。また電動ベッドをギャッチアップするときは、ずり落ちないように30度以上にしないようにします。ずれと圧が臀部(でんぶ)(仙骨(せんこつ))に集中し、褥瘡の発生リスクが高くなるためです。

> ポジショニングは、目的に応じて、丁寧に行う必要があるんだね!

## 4 利用者に触れる際に、気をつけることってある?

寝返りしまーす!

**考えてみよう!** 利用者に触れる場所は、どこでもよい?

　介護職のAさんは、利用者Pさんの寝返りの介助を行うため、Pさんの腕をおなかの上に乗せています。手順どおりに行っているようですが、Pさんはなぜか顔をゆがめています。

Pさんは、どこが痛いのかなあ?

高齢者は、皮膚(ひふ)が弱くなっていることが多いよ。だから触れ方によっては、表皮剝離(ひょうひはくり)が起こることもあるよ。

Part 2 体位変換・移動・移乗

> 確認しよう！ 利用者の痛みや不快の原因は？

チェック 2 皮膚がよく動くところに触れている！

チェック 1 指先で、上からつかんでいる！

### チェック 1　指先で、上からつかんでいる！

　指先で圧迫することにより、利用者に痛みや不快感を与えるほか、皮膚トラブルが発生する危険があります。

### チェック 2　皮膚がよく動くところに触れている！

　介助する際に、介護職の都合で触れてしまうと、結果的に皮膚のずれが多く、弱くなっているところを持ってしまうことがあります。

皮膚がよく動くところって、どんなところかなあ？

二の腕や前腕、大腿部、臀部などのやわらかい部分だよ。

073

> どうしたらいいの？　触れるところと触れ方に配慮しよう

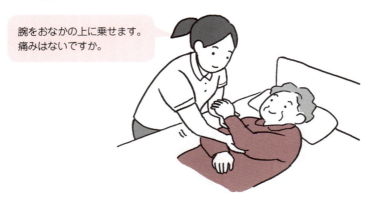

腕をおなかの上に乗せます。
痛みはないですか。

**ポイント1** 利用者の腕や足を下から支えることで、痛みや不快感が減り、皮膚トラブルの危険も少なくなる

**ポイント2** 肘（ひじ）や骨盤（こつばん）の側方、膝（ひざ）の前側や側方など、できるだけ利用者の骨に近い部分に触れる

**ポイント3** 膝や肘を曲げる介助では、必ず二つの関節を支えて行う

## 膝や肘を曲げる介助

膝や肘を曲げる介助では、必ず二つの関節を下から支えて行います。

## ● 介助による皮膚トラブルは、絶対に避けよう

　介護現場では、皮膚トラブルがなかなかなくなりません。特に介助時の表皮剥離が多いのはなぜでしょうか。

　それは、高齢になると皮膚の表皮が薄くなり、乾燥が進むからです。乾燥して弱くなった皮膚は、わずかな摩擦やずれによって裂けたり剥がれたりしやすくなります。そのため、車いすへの移乗、入浴介助、おむつ交換などの場面で、介護職がわずかな力を加えただけでも表皮剥離は起こる可能性があります。

　指先ではなく、**手のひら（面）で触れる**、上から持ち上げるのではなく、**下から支える**、なるべく**皮膚のずれが少ないところに触れる、骨に近い部分に触れる**などを意識すると、不要な皮下出血や表皮剥離を防ぐことができます。

　これらは、寝返りの介助だけでなく、起き上がり、立ち上がり、着替えなど、すべての場面に共通します。触れるところ、触れ方によって、どのくらい負担が変わるか、介護職同士で体験してみるとよいでしょう。

### 皮膚の構造

　人の身体は、【表皮＋真皮＋皮下組織＋筋肉・骨】という構造になっています。高齢者は、加齢や疾病により、皮膚が薄くなったり、内出血しやすくなったりして、表皮剥離につながることもあります。したがって、介助の際には、触れるところと触れ方に注意しなければなりません。

高齢者は皮膚が弱くなっていることが多いから、触れ方には特に注意が必要だね！

# 4 移乗

## 1 ベッドから車いすへの移乗の準備とは？

あれ、腰が上がらないっ!!

**考えてみよう！** このままで、車いすに移乗できるかな？

　介護職のBさんは、利用者Qさんの移乗介助をしていますが、Qさんは、腰を浮かすことができないようです。Bさんはこの状況にあせっています。

どうしてQさんはお尻が上げられないのかなあ。

このまま移乗介助を続けると、転倒やけがの可能性があるよ。移乗のための準備を確認してみよう！

Part 2 体位変換・移動・移乗

> 確認しよう！　移乗をさまたげる原因は？

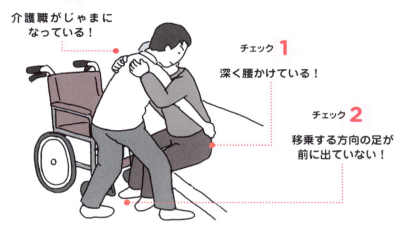

チェック3　介護職がじゃまになっている！

チェック1　深く腰かけている！

チェック2　移乗する方向の足が前に出ていない！

### チェック1　深く腰かけている！

　ベッドに深く腰かけていると、膝の裏がベッドの縁に当たり、足を引くことができません。このままでは、いくら前傾しても重心が前方に移動しないので、お尻を上げることができません。

### チェック2　移乗する方向の足が前に出ていない！

　移乗する方向の足が前に出ていないと、移乗した際に足が交差してバランスをくずしてしまいます。

### チェック3　介護職がじゃまになっている！

　介護職がじゃまになっていて、前傾姿勢をとることができません。また、移乗先の車いすも見えません。

**どうしたらいいの？** 準備を大切にしよう

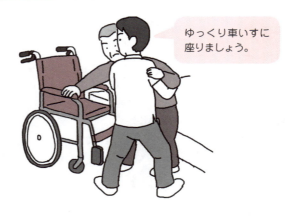

ゆっくり車いすに座りましょう。

| ポイント 1 | 重心を左右に移動しながら前に出て、ベッドに浅く座ってもらう |
| --- | --- |
| ポイント 2 | 移乗する方向の足を半歩前に出してもらう |
| ポイント 3 | 利用者が前傾できるように、また、移乗先の車いすがしっかり見えるように体勢をとる |
| ポイント 4 | フットサポートが利用者の足に当たらない位置に、車いすを準備する |
| ポイント 5 | 利用者の体重が下肢にしっかりと乗っていることを確認しながら介助する |

移乗するには準備が大事なんだね！

## ● 重心移動を意識して、利用者の姿勢や身体の向きを考えよう

移乗介助では、利用者の重心の位置を把握し、重心移動のために必要な姿勢や環境を整えます。そのうえで、**動作のイメージを共有できると、利用者も介護職も安心して動く**ことができます。

準備が整っていないまま移乗介助を行うと、利用者は重心移動ができません。また、足がフットサポートに当たってしまい、皮膚トラブルや転倒につながる可能性もあります。動作をイメージできなければ利用者は不安になり、介助に抵抗するような動きをするか、介護職に全身をゆだねることになります。その結果、介護職はより大きな力で介助する状況になります。

**重心移動を意識し、あせらず、しっかり準備をする**ことで、利用者の負担も介護職の負担も軽減できます。

### こんなとき、どうする？

立ち上がりや移乗の際に、膝が開いてしまう利用者は、介護職の足で開かないようにブロックして介助を行います。

圧迫骨折のある利用者は、背骨をねじると痛みを伴うため、肩と骨盤が平行な状態で介助するように配慮が必要です。

片麻痺のある利用者は、健側を使いすぎないように麻痺側へのアプローチを意識して介助します。

移乗先の車いすを利用者さんにしっかりと確認してもらうことが大切だよ！

## ② 利用者のベルトが一番持ちやすい?!

よいしょっ！

**考えてみよう！** どんな気持ちになるかな？

　介護職のAさんは、利用者Rさんの移乗介助を行っています。転倒が怖いので、ベルトをしっかりつかんで引き上げています。Rさんは、ズボンが食い込んでしまい、とても不快な表情をしています。

Rさんの転倒が怖いから、ベルトを持ってしまうのもわかるなあ。ベルトがダメなら……、どこを持てばいいのかなあ？

ベルトをつかまれたRさんは、どんな気持ちになるかな。そもそもベルトを持つのは、本当に安全なのかな。

Part 2　体位変換・移動・移乗

確認しよう！　不快の原因やリスクは？

チェック1　腰椎が固定できない！
チェック2　皮膚を傷つけてしまう可能性がある！
チェック3　利用者に不快感を与えている！

### チェック1　腰椎が固定できない！

　移乗介助では、重心移動をスムーズに行うために、利用者の腰椎を固定する必要があります。ズボンやベルトを持ってしまうと、腰椎が固定できません。

### チェック2　皮膚を傷つけてしまう可能性がある！

　ズボンやベルトなどをつかむことにより、利用者を面ではなく点で支えることになり、圧迫や摩擦により、皮膚を傷つけてしまう可能性があります。

### チェック3　利用者に不快感を与えている！

　ズボンやベルトで身体をつっている状況なので、下着などが身体に食い込み、不快感を与えます。移乗後もその状態のまま過ごすことになり、不快感に加え、尊厳も傷つけてしまう可能性があります。

081

> どうしたらいいの？　支える部分、支え方を検討しよう

足に力を入れて、ゆっくり立ちましょう。

**ポイント 1**　利用者の身体状況によって、肩甲骨（けんこうこつ）を支えるか、腸骨（腰椎）を支えるかなどを検討する（皮膚が動きにくいところを支える）

**ポイント 2**　利用者に不快な思いをさせたり、尊厳を傷つけたりする方法は避ける

ズボンやベルトを持つと、皮膚トラブルや不快感につながるんだね。

移乗介助では、支える部分、支え方を意識しようね。

Part 2　体位変換・移動・移乗

● 利用者に不快感を与える方法は避けよう

　移乗の際に、利用者のどの部分をどのように支えれば、痛みや不快感を与えずに介助できるかを考えてみましょう。**自分がされて「いやだな」と思うことは利用者にとっても同じ**です。利用者のズボンやベルトを持って、持ち上げるような介助は避けましょう。

　両手で肩甲骨を支える方法がよいのか、肩甲骨と腸骨を支える方法がよいのか、両手で腸骨を支え、重心移動を導く方法がよいのかなど、**一人ひとりに合った介助方法をチームで検討**しましょう。

### どうしても支える場所がないときは？

　移乗介助の際に、どうしても適切に支えられる場所がないと判断した場合には、介助ベルトやリフト、立位補助具などの福祉用具の活用も検討しましょう。利用者の生活機能の維持・改善のためには、物的環境を整える必要があることも忘れないようにしましょう。

### 利用者の足の間に膝を入れると？

**＜密着しすぎて、前傾できない＞**
　利用者に密着した状態になり、利用者が前傾姿勢をとることができないため、力まかせの介助になる可能性が高くなります。

**＜膝折れする可能性が高い＞**
　利用者の膝関節がしっかりと伸びず、膝が屈曲あるいは外旋した状態になり、バランスをくずしたり、膝折れしたりして、転倒するリスクが高くなります。

**＜皮膚トラブルが生じる＞**
　膝が開かない利用者に対して、無理に介護者の膝をねじ込むと、利用者の足を傷つける場合があります（皮膚がやわらかくて、表皮が弱いため）。

## 3 スライディングボードを使うのは、何だか怖い……

**考えてみよう！** 抱え上げるしかない？

　利用者Ｓさんは、立位の保持が困難です。そこで、介護職のＢさんは、Ｓさんを抱え上げて移乗の介助をしていますが、腰を痛めてしまったようです。

立位が難しければ抱え上げるしかないんじゃないかなあ。スライディングボードは使用方法がよくわからないし……

立位保持が困難で、膝を伸ばすことが難しいのであれば、福祉用具の活用を考えたほうがいいかもしれないね。

Part 2 体位変換・移動・移乗

> 確認しよう！　介護職への影響と利用者への影響は？

チェック**2**
利用者の力を
いかしていない！

チェック**1**
前傾姿勢で、
利用者を抱え上げている！

**チェック1　前傾姿勢で、利用者を抱え上げている！**

　腰を20度以上曲げることによって、腰への負担は増大します。その積み重ねが腰痛（ようつう）の原因になります。

**チェック2　利用者の力をいかしていない！**

　介護職が完全に抱え上げてしまうと、利用者は力を発揮（はっき）する機会を失い、結果的にすべてを介護職にゆだねる状態になってしまいます。

どうすれば、利用者さんに力を発揮してもらえるのかな？

085

**どうしたらいいの？** できない部分を補う方法を考えよう

お尻をゆっくりすべらせます。

**ポイント 1** 利用者の状態に合わせて福祉用具を活用する

**ポイント 2** スライディングボードやスライディングマットの活用方法を学び、練習する

**ポイント 3** スライディングボードを活用して、利用者の重心を移動させながらお尻をすべらせて移乗する

 **スライディングボードの使い方**

＜ベッドから車いすへの移乗＞
①利用者の体幹をベッド側に傾け、ボードを3分の1程度敷き込む
②車いす側の足を少し前に出す
③利用者の体幹を車いす側に傾けて、重心をボードに乗せる
④重心が移動したらゆっくりすべらせて移乗する
⑤移乗後、身体を傾けて臀部の圧を軽減してボードを抜く
※移乗先を少し低くすることで、すべりやすくなる

Part 2　体位変換・移動・移乗

● 利用者の状態に合わせて、福祉用具を活用しよう

　利用者の状態に合わせ、必要に応じて福祉用具を活用することで、利用者も介護職も負担なく移乗できる場合があります。このとき、利用者の力をいかす視点が大切です。
　また、福祉用具を活用する際には、**利用者が使用目的や使用方法を理解できるようにわかりやすく、丁寧(ていねい)に説明する**ことが大切です。福祉用具を活用することで、**利用者に恐怖感や不快感を与えることのないように、しっかりと練習**をしましょう。
　福祉用具は、利用者の多様化や技術の発展に応じて、進化します。したがって、介護職は情報収集に努(つと)め、適切な福祉用具を適切に活用できるよう学ぶ姿勢が大切です。

### こんなとき、どうする？

＜体格のよい利用者の場合＞
　体格がよく、体重の重い利用者の移乗介助は、よりいっそう力を込めて、「えいっ」と勢いをつけて行っていないでしょうか。力や勢いが加わることで、介護職は腰を痛める危険があり、利用者は圧迫骨折などの危険があります。利用者の体格や体重によらず、重心移動を意識した基本の移乗介助をゆっくり行うことが大切です。

＜アームサポートが上がらない車いすの場合＞

　アームサポートが上がらず、スライディングボードが使用できない場合は、利用者の足をできるだけ引き、しっかりと肩にかつぐように前傾姿勢をつくり、臀部を浮かせ、ゆっくり移乗介助をします。移乗時に利用者の膝を固定することも忘れないようにしましょう。

**087**

## ④ 二人介助では、抱え上げればよい？

**考えてみよう！** それぞれのイメージと認識のズレはない？

　体格がよい利用者Tさん。拘縮があり、関節を曲げることが難しいため、介護職が二人で移乗介助をしています。しかし、タイミングが合わず、車いすに"ドスン"と座らせてしまいました。

 二人でやれば、うまくできそうだけど……。Tさんには痛い思いをさせてしまっているね。

 二人で介助する際の留意点を確認してみよう！

Part 2 体位変換・移動・移乗

> 確認しよう！　どこがダメ？　なぜダメ？

### チェック 1 「二人介助では、抱え上げて移乗する」と思い込んでいる！

　二人介助では、とにかく抱え上げれば早く移乗ができると思い込んでいると、移乗動作の基本をふまえることなく介助をするため、お互いのイメージが共有されず、タイミングが合いません。

### チェック 2 利用者を動かしただけになっている！

　移乗介助では、重心移動が重要であるにもかかわらず、力まかせに抱え上げてベッドから車いすに移しただけになっています。

### チェック 3 重心の位置を理解していない！

　人は頭部と臀部が重く、イラストのような体勢だと臀部に重心がかかっています。したがって、介護職が力をぬいた瞬間に利用者は臀部から落ちてしまいます。

### どんなときに"二人介助"になるの？

①体格のよい大柄な利用者（介護職一人では移乗が難しい利用者）
②体重が重い利用者
③自力で動くことが難しい利用者（拘縮が強い利用者や骨折している利用者など）
④その他、チームで検討した結果、介護職一人では移乗が難しいと判断した利用者
⑤医師の指示により動作に制限がある利用者
⑥リクライニング式の車いすを利用している利用者
⑦皮膚の弱い利用者　　　　　　　　　　　　　など

**どうしたらいいの？** 抱え上げない方法をチームで検討しよう

ゆっくりすべらせます。

**ポイント 1** 二人介助でも、抱え上げる方法はできるだけ避ける

**ポイント 2** スライディングボードやリフトなどの活用も検討し、環境を整える

**ポイント 3** 自立支援の視点から、重心移動を意識した移乗動作ができるようにチームで検討する

 **リスクを予測する**

　介護には、常にリスクが伴います。したがって、常にリスクを予測して介助することが重要です。リスクを予測できると、利用者を観察する際の視点や動作の評価ポイントが変わってきます。それをチーム全体で共有していきましょう。

これなら持ち上げる必要はないね！

## ● 一人でも二人でも、基本は同じと考えよう

「二人介助＝抱え上げる」と思い込んでいたり、「二人だから安全」と認識していたりすると、介助方法の基本からはずれ、結果的に利用者を「物」のように扱ってしまったり、危険な目にあわせてしまったりします。

一人でも二人でも、**利用者のもっている機能に応じてかかわり方や介助の方法を考える視点**を忘れないようにしましょう。先輩に言われたとおりにやることが重要なのではなく、**目の前の利用者の生活の継続を考えた方法**を検討しましょう。

利用者は、介護職同士の認識のズレや二人のタイミングが合わない、力加減がうまくいかないなどの理由によって危険な目にあうことになります。介護職として、利用者にけがをさせたり、不安な思いをさせたりすることは避けましょう。

### 二人介助の留意点

①重心移動を意識する
　二人介助だからと安心して、腕の力だけで利用者を抱え上げようとすると介護職は腰や肩を痛めてしまいます。
②利用者の力をいかす
　二人介助では「抱え上げるほうが楽」と考え、利用者の力や動作のペースを考慮することなく、介護職のペースで介助をしてしまいがちです。利用者の力をしっかりとアセスメントし、いかす視点を忘れないようにしましょう。
③「利用者主体」を意識する
　二人介助では、声かけの相手が利用者ではなく、介護職同士になってしまいがちです。介護職同士のコミュニケーションも大切ですが、利用者を置き去りにすることがないように常に意識しましょう。

# 1 食事の準備

## ① 食べやすい配置は一人ひとり異なるの？

**考えてみよう！** 利用者の状態に応じた「配置」とは？

　利用者Dさんは右片麻痺、利用者Eさんは左半側空間無視があります。「基本の配置」を守って配膳したところ、2人ともうまく食事ができていないようです。

ご飯は左手前、汁物は右手前、主菜は右、副菜は左。「基本の配置」を守っているけど、それじゃダメなのかなあ？

食事の支援はとにかく準備が大事。利用者さんの障害や疾病を理解して、配置を変えたり、環境を工夫する必要があるよ。食べやすい配置について考えてみよう！

Part 3　食事

確認しよう！　利用者に不利益を与えてしまう点は？

チェック 1　右片麻痺のある利用者は、やけどの危険がある！

　右片麻痺のある利用者に対して、「基本の配置」で提供すると、汁物が麻痺側にあることになり、食べにくく、やけどの危険もあります。

チェック 2　左半側空間無視のある利用者は、麻痺側の食事が残ってしまう！

　左半側空間無視があると、麻痺側の食事に気づかずに残してしまいます。

チェック 3　自分で食べようという意欲を失ってしまう！

　食事をうまく食べられない状況が続くと、「食べにくい」「疲れる」「こぼしてしまって申し訳ない」「またこぼしてしまったらどうしよう」という気持ちになり、自分で食べようという意欲を失ってしまう可能性があります。

## クロックポジション

　クロックポジションとは、視覚障害のある人に食事の配置を伝えるための方法です。食卓を時計の文字盤に見立てて、利用者の手を取って食器の位置を確認してもらいながら献立を説明します。位置を把握しやすいように、できるだけ毎食、同じ位置に配置します。

> どうしたらいいの？　利用者の状態に応じて、環境を整えよう

**ポイント1** 　右片麻痺がある場合は、同意を得てから、主食と副菜を右側に、汁物と主菜を左側に置く

**ポイント2** 　左半側空間無視がある場合は、食事を利用者のやや右側に配置し、全体が見えやすい状態で声かけを行う

**ポイント3** 　左半側空間無視がある場合は、必要に応じて、カーテンや壁などで右側の外部刺激を遮断し、麻痺側にも注意が向くように声かけを行う

## 食べるために必要な認知機能

　「食事をする」という動作は、目の前の物が「食べ物」であることを認識して初めて行われます。つまり、視覚、嗅覚、触覚等から得た情報を大脳で処理し、摂取できるかどうかを判断してから食べています。したがって、例えば目の前のカレーを見たとき、過去の経験などからカレーであることを認識できれば、自然にスプーンを使って食べることができますが、カレーを初めて見た人は、どのように食べたらよいのか、どんな味がするのかがわからず、すぐに「食べる」という行動には結びつきません。人は認知機能（記憶）をたどって生活しています。過去に食べたことがあるから、食べ方を理解しているからすぐに食べることができるのです。

## ● 食事の支援は「準備」を大切にしよう

　食事は生命を維持するために不可欠です。したがって、食事の支援は、利用者一人ひとりの状態を理解したうえで、**その人に適した方法を考える**ことが大切です。

　また、食事の意義（生命の維持や治療のため、楽しみ、生きがいなど）や食べるために必要な機能を理解して食事の準備を行う必要があります。食事の支援は、「事前の準備ですべて決まる」といっても過言ではありません。事前に、**食べるために必要な機能を確認し、適切な介助方法や環境を検討**しましょう。

　「摂食・嚥下のしくみ（5期モデル）」の先行期（認知期）の「食べ物を認識する」ことができれば、食べる準備が整い、嚥下につながります。

### 摂食・嚥下のしくみ（5期モデル）

① 先行期（認知期）：食べ物を認識する
② 準備期（咀嚼期）：食べ物を口に入れ、食塊を形成する
③ 口腔期：食塊を舌で咽頭に運ぶ
④ 咽頭期：嚥下反射により食塊を食道に運ぶ
⑤ 食道期：蠕動運動により食塊を胃に運ぶ

利用者さんの疾患と障害の程度を理解して環境を整えないといけないね。

## 2 なぜかあごが引けない?!

……

むせないように
あごを引いてください。

**考えてみよう！** なぜ、利用者はあごを引かないの？

　食事介助の場面です。利用者Fさんは、いすに座って食事をしています。介護職のBさんは、Fさんにあごを引くようにお願いしました。その理由も説明しています。でも、Fさんはあごを引いてくれません。

あごを引くようにお願いしているのに、どうして引いてくれないのかなあ？

この姿勢では、あごを引くことは難しくないかな。食事の姿勢について確認してみよう！

Part 3　食事

確認しよう！　どこがダメ？　なぜダメ？

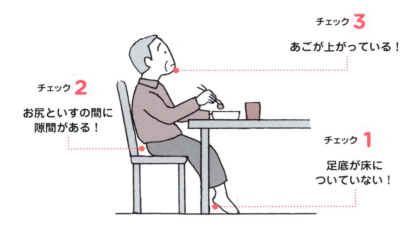

### チェック 1　　足底が床についていない！

　足底が床についていないと全身に力が入りにくくなり、摂食・嚥下機能（咀嚼力）の低下につながります。また、ふん張りがきかず、時間が経つにつれ、身体がすべってきてしまいます。

### チェック 2　　お尻といすの間に隙間がある！

　お尻といすの間に隙間があるということは、身体がすべって後ろに反っている状況です。この姿勢では、頭部の重さで自然にあごが上がってしまい、あごを引くことは難しくなります。

### チェック 3　　あごが上がっている！

　あごが上がってしまうと気道の入口が広くなり、誤嚥の危険が高まります。この姿勢では、飲み込むことに不安を感じます。

**どうしたらいいの？** 毎回、「基本姿勢」がとれているかを確認しよう

**ポイント 1** 肘、膝、股関節が直角（90度）になっている

**ポイント 2** 足の裏全体が、しっかり床についている（床に足がつかない場合は、台などを活用する）

**ポイント 3** 体幹がやや前傾姿勢に保たれている

**ポイント 4** あごを引くことができている

**ポイント 5** テーブルの上の食事がよく見える（食欲につながる）

## 嚥下のしくみと姿勢

食べ物は、舌の動きでのどに送られ、嚥下反射により「ごくん」と飲み込むことができます。このとき、あごが上がっていると、食べ物が気管に入ってしまい、誤嚥します。誤嚥がくり返されると、誤嚥性肺炎を引き起こし、高齢者では死に至ることがあります。

## ●「食べること」だけでなく、環境にも目を配ろう

　食事を安全に、安心して、楽しく食べてもらうために、まず**環境を整える視点**が大切です。この場面では、Fさんに「あごを引いてください」とお願いしていますが、Fさんの「基本姿勢」がくずれているため、あごを引くことができない状況でした。

　一方で、Fさん自身は、くずれた姿勢に慣れてしまっていて、「基本姿勢がとれている」と脳が錯覚している可能性もあります。したがって、**毎回、「基本姿勢」を整える**ことがとても重要です。

　また、一時的に「基本姿勢」がとれたとしても、**利用者の筋力や持久力**によって、その姿勢を保持できる時間も変わってきます。時間の経過に伴い、徐々にずり落ちたような姿勢になり、誤嚥してしまうこともあるので、常に姿勢のくずれに注意しましょう。

### 円背の利用者の食事の姿勢

　円背の利用者は、いすに深く座ると、前傾しすぎて食事が見えない、飲み込みにくくなるといった状況になることがあります。そのような場合は、あえていすに浅めに座ってもらい、背中の隙間にクッションやタオルなどを入れて筋肉の緊張をゆるめ、嚥下しやすい姿勢を整えましょう。

「基本姿勢」になれば、自然にあごを引くことができるんだ！

食事のたびに「基本姿勢」を整えることが大切だよ。

## 3 テーブルの高さを変えるなんて、ムリ?!

**考えてみよう！** どんなときに、テーブルの高さを調整するの？

　ユニットのテーブルで利用者が食事をしています。小柄な利用者Gさんは、食事中に姿勢がくずれ、さらにむせてしまい、介護職のAさんはあせっています。

Gさんには、少しテーブルが高いみたいだけど、ユニットのみんなで食事をするから、仕方ないよね……

Gさんは、食事の「基本姿勢」がとれていないね。テーブルが高いみたいだけど、何か工夫はできないかな。姿勢を整える方法を確認してみよう！

Part 3 食事

> 確認しよう！　テーブルが高いとどうなる？

チェック1　肘をテーブルに乗せることができない！

チェック2　極端に首を曲げなければ食べられない！

チェック3　食事を見ようとして、あごが上がってしまう！

## チェック1　肘をテーブルに乗せることができない！

　テーブルが高すぎて、肘を乗せることができないと、姿勢がくずれ、体幹の傾きやねじれが生じます。

## チェック2　極端に首を曲げなければ食べられない！

　腕を上げられない利用者は、食べるために首を極端に曲げる必要があり、姿勢が安定しません。また、飲み込みが難しくなり、むせる危険があります。

## チェック3　食事を見ようとして、あごが上がってしまう！

　テーブルが高すぎると、食事を見ようとした結果、あごが上がり、そのまま飲み込むと誤嚥してしまう可能性があります。

どうしたらいいの？　テーブルといすの高さを調整しよう

**ポイント 1**　高さ調整が可能なテーブルを利用する

**ポイント 2**　高さの異なるテーブルをいくつかそろえておく

**ポイント 3**　クッションとタオルでいすの高さを調整する

**ポイント 4**　高いいすに変更して、足は足台に乗せる

 食事姿勢の観察ポイント

- ☑ テーブルの高さ（テーブルに肘を乗せられるか）
- ☑ 足（足底が床についているか）
- ☑ 頸部（前屈位がとれているか）
- ☑ 体幹（左右に傾いていないか）
- ☑ 臀部（深く座っているか、すべり座りになっていないか）
  ※すべり座りになると、頸部が伸展しやすい

● **姿勢保持のために、ハード面を整えよう**

　座位であごを引くと、咽頭が広がり、気道の入り口がせまくなります。その結果、誤嚥のリスクを軽減させることができます。ただし、あごを引きすぎて下を向いてしまうと、嚥下が難しくなることも理解しておきましょう。**食事の姿勢を整えるためにも、テーブルといすの高さの調整は重要**です。

　摂食・嚥下機能障害のある利用者では、舌の動きが悪く、食塊の送り込みが困難な場合があります。また、嚥下反射が間に合わず、誤嚥してしまう可能性があることも理解しておきましょう。

### いすとテーブルの高さの基準

＜いすの基準＞
- 足底が床にしっかりつく
- かかとを膝よりも少し手前に引ける余裕がある
- 深く腰かけたときに、膝の角度を約90度に保てる
- 座面は、下腿(膝から足首まで)の長さより約1cm低く設定する
※下腿の長さの平均は40～43cm(高齢者は38cm前後)

＜テーブルの基準＞
- 臍の上あたりの高さ
- 高さは、約60cm
※(座高÷3－1cm)＋いすの座面の高さ

### 車いすで食事をしていると……

　車いすは移動のための福祉用具であり、走行時に利用者の重心が後方にかかるように座面の後方が下がっています。したがって、食事の際には、できるだけいすに移乗し、「基本姿勢」を整えて食べるようにしましょう。

# 2 食事介助

## 1 食事介助は、利用者の正面に座って行う?!

**考えてみよう!** 食事介助の際は、どこに座るのがよい?

　介護職のBさんは、利用者Iさんの正面に座って食事介助をしています。Iさんの口の高さから、まっすぐにスプーンを差し出していますが、Iさんは食べにくそうにのけぞってしまいました。

Iさんの様子もよく見えるし、正面から食事介助をするのがいいと思うけど、どうして食べにくそうなのかなあ?

自分が食事をするときのことを考えてみよう。正面から口にスプーンが入ってくるのは、何だか違和感がないかな?

Part 3　食事

> 確認しよう！　正面からの食事介助のデメリットは？

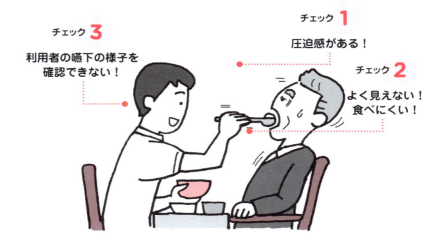

チェック 3　利用者の嚥下の様子を確認できない！

チェック 1　圧迫感がある！

チェック 2　よく見えない！食べにくい！

### チェック 1　圧迫感がある！

　真正面から口の高さにまっすぐスプーンが向かってくる状況は、利用者に圧迫感や恐怖感を与えてしまいます。その結果、姿勢がくずれ、あごが上がってしまい、誤嚥のリスクも高まります。

### チェック 2　よく見えない！　食べにくい！

　ふだんの自分の食事を考えてみると、スプーンは斜め前、下方から口元に運んでいます。正面から入れてみると、スプーンにのっているものや量がよく見えないうえに、何だか違和感があり、食べにくいことがわかります。

### チェック 3　利用者の嚥下の様子を確認できない！

　利用者の正面に座っていると、しっかりと「ごくん」と飲み込むことができているか、喉元の動きが確認できません。

**107**

**どうしたらいいの？** 利用者のきき手側に座ろう

| ポイント 1 | スプーンは、口より下側から下唇の口角を目指してゆっくり運ぶ |
|---|---|
| ポイント 2 | 利用者のきき手側斜め前45度の位置（または真横）に座る（麻痺がない場合） |
| ポイント 3 | 利用者の摂食・嚥下状態に合わせて、タイミングよく、次の一さじを口に運ぶ |

自分で食べるのと、できるだけ近い方法で介助するんだね！

Part 3　食事

## ● 利用者のきき手側に座り、スプーンは下から運ぼう

　食事介助を行う際は、介護職は利用者の摂食・嚥下の状態を観察するために、斜め前45度の位置（または真横）に座り、下唇の口角を目指して下からゆっくりスプーンを運びます。麻痺などの状態にもよりますが、**基本は、利用者のきき手側に位置**します。

　人は、目の前の物を食べ物だと認識しなければ食べようとはしません。したがって、食事をすくって口に運ぶまでの過程を利用者がしっかりと確認できることが大切です。真正面からスプーンが近づいてくると圧迫感がありますが、斜め前45度の位置から食べ物をのせたスプーンがゆっくり近づいてくれば、視野に入りやすく、口を開けやすいでしょう。

　また、**「ごくん」としっかり飲み込む様子を確認し、適切なタイミングで次の一さじを運ぶ**には、正面ではなく斜め前に位置するほうがよいでしょう。

 食事介助での観察ポイント

- ☑ 食物をしっかりかむ力はあるか（食物をかむことができているか）
- ☑ しっかりかんだ後、飲み込めているか（かむ動作に合わせて、適宜、飲み込むことができているか）
- ☑ やや前傾姿勢で頸部が屈曲した姿勢で飲み込んでいるか
- ☑ 「ごくん」としっかり飲み込めているか
- ☑ むせの程度はどうか
- ☑ 食事摂取時、呼吸の乱れはないか

食事介助の際にはこの六つの視点で観察することが大切だよ。

**109**

## ② 適切な一口量とスプーンを運ぶ タイミングがわからない……

### 考えてみよう！　一口量とスプーンを運ぶタイミングは？

　介護職のAさんは、食事介助をしていますが、時間内に終わらせなければとあせっているようです。利用者Jさんの様子からは、一口量も多く、スプーンを運ぶタイミングも早すぎるようです。

時間内に食事介助を終えなきゃと思うと、つい山盛りにしてしまうし、スプーンを運ぶタイミングも早くなってしまうよね。

Jさんの状態を見ながらスプーンの大きさや一口量を調整する必要があるよね。スプーンを運ぶタイミングは、どう考えたらいいかな。

Part 3　食事

確認しよう！　どこがダメ？　なぜダメ？

チェック2　観察ポイントを理解できていない！

チェック3　スプーン全体を口の中に入れようとしている！

チェック1　窒息する可能性がある！

## チェック1　窒息する可能性がある！

　利用者の嚥下状態にもよりますが、大きめのスプーンに山盛りのせると、10〜15cc以上の量が口の中に入るため、食塊形成や飲み込みが難しく、場合によっては誤嚥や窒息の可能性もあります。

## チェック2　観察ポイントを理解できていない！

　「ごくん」としっかり飲み込んだことを確認していないので、次の一さじを運ぶタイミングがわからず、次から次へとスプーンを口元に運ぶことになり、利用者をあせらせてしまいます。

## チェック3　スプーン全体を口の中に入れようとしている！

　大きなスプーン全体に食べ物をのせ、スプーン全体を口に入れようとしていますが、無理に口の中に入れることにより、食べこぼしが増えたり、口の中に食べ物がたまって食事が進まなくなったりします。

111

**どうしたらいいの？** スプーンの大きさと一さじの量、口に運ぶタイミングを検討しよう

**ポイント 1** 1回に口に入れる量は、小さめのスプーンの2分の1を目安とする（水分：3㎖／ゼリーなど：3〜5g）

**ポイント 2** 利用者の下唇に沿わせるようにスプーンを運び、スプーンを丸ごと口の中に入れない

**ポイント 3** 利用者が上あごと舌を使うことで、口の中に食べ物を取り入れてもらう

**ポイント 4** 口に入れたものを「ごくん」と飲み込んだことを確認してから、次の一さじを口に運ぶ

少量ずつ摂取していても、口や喉に食べ物が残って、たまっている可能性があるため確認が必要だよ。

Part 3 食事

● 摂食・嚥下機能を観察しよう

　食事介助では、**摂食・嚥下のメカニズムを理解し、しっかりと飲み込んだことを確認することが基本**です。「**摂食・嚥下のしくみ（5期モデル）**」（p.97）をくり返しながら食事が進むことを理解しましょう。

　「ごくん」としっかり飲み込めない場合は、喉仏からあごに向かって軽く皮膚をマッサージしたり、味の違う食べ物を交互に食べてもらったりすると、それが刺激となって嚥下が起こりやすくなります。

 食べこぼしが多い利用者への対応は？

　食べこぼしが多い理由として、スプーンにのせる食べ物の量と利用者の口の開き具合のバランスがとれていない、しっかり覚醒していないなど、利用者の食べるための準備ができていないのに口に食べ物を運んでいることなどが考えられます。
　そこで、食べ物をしっかり認識できるように、介護職は利用者のきき手側の斜め前45度の位置（または真横）から、下唇の口角を目指してスプーンを運びます。食べ物を認識すれば、口角にスプーンが当たると口が反射で開くため、食べこぼしも少なくなります。

 利用者の嚥下状態を確認する方法

　炭酸飲料を活用して利用者の嚥下反射を評価することができます。ふだんから炭酸飲料をむせることなく飲むことができれば、そのうちの半数以上の人は、多少時間がかかってもしっかりと食べ物を飲み込むことができます。

食事介助では、「ごくん」を確認することが大切なんだね。

113

##  ご飯とおかずをまぜたほうが食べやすい？

まぜちゃいましょう！
このほうが食べやすいですよ。

うっ……

**考えてみよう！** 本当においしい？ 食べやすい？

　介護職のBさんは、利用者Kさんの意向を確認せずに、ご飯におかずをまぜています。それを見ているKさんは、何だかいやそうな表情をしています。

 ご飯とおかずをまぜたほうが食べやすそうだし、早く食べられそう。でもKさんはいやそうな顔をしているね……

 利用者さんが「ご飯とおかずをまぜて食べたい」と希望している場合は問題ないけど、介護職の都合でまぜるのはどうかな。

Part 3 食事

**確認しよう！** 利用者の楽しみや食欲を奪っていない？

### チェック 1　利用者の好みや生活習慣を無視している！

好みや生活習慣をふまえて、利用者が望めばまぜることもあります。しかし、早く食べてほしいから、飲み込みやすいからなど、介護職の都合でまぜてしまうのは、利用者の尊厳を傷つけることになります。

### チェック 2　食欲が低下してしまう！

ご飯にさまざまな種類のおかずをまぜてしまうと、見た目にも、とても「おいしそう」とはいえず、食べる気も失せてしまいます。もちろん味も複雑になりすぎて、実際にもおいしくないことが多いでしょう。利用者にとっては、食べやすいどころか苦痛になってしまいます。

> **薬は食事にまぜると飲みやすい？**
>
> 　利用者に断りなく、食事に薬をまぜることも、食欲低下や尊厳を傷つけることにつながります。嚥下状態によって、薬を単体で飲めない利用者の場合は、飲み込みやすいゼリーにまぜるなどの配慮が必要です。食事と薬は別のものであるという認識が大切です。
> 　また、食事に薬をまぜると、食事を残したときに薬がきちんと飲めていないことになります。

私は納豆もご飯とは別に食べるよ！

えっ！　私はまぜる派だよ。

**どうしたらいいの？** 食欲がわくような工夫をしよう

今日のおかずは肉じゃがです。

**ポイント 1** 「食べたい」「食べてみよう」と思ってもらえるように、食事の内容を説明し、好みや希望を確認する

**ポイント 2** 嚥下状態により、飲み込みにくい場合は、飲み込みやすい食形態や調理法を検討する

###  飲み込みやすい食形態や調理法について

　飲み込みやすさは、口の中で食塊（しょっかい）がばらけずにスムーズに嚥下できるかどうかに左右されます。したがって、飲み込みやすくするために、適度な水分を含ませて口の中で食塊をつくりやすくしたり、食材につなぎとなる油や小麦粉、ゼラチンなどをまぜて、口の中でばらつかないようにしたりします。

　調理方法については、食材に合わせて隠し包丁を入れる、繊維（せんい）を断つなどの切り方の工夫が考えられます。また、細くなっているよりも、ある程度の厚みや大きさ（表面積）があるほうがかみやすくなります。かたさの工夫としては、例えば、魚を焼くときは、アルミホイルで包んで焼くと身がしっとりやわらかに仕上がります。

## ● 介護職の都合で、利用者の楽しみを奪わないようにしよう

　利用者の意向を確認することもなく、「食べやすいから」「時間がないから」という介護職の勝手な判断や都合により、ご飯とおかずをまぜることは避けましょう。飲み込みにくいようであれば、**なぜ飲み込みにくいのか、なぜ食事に時間がかかるのかを観察・検討し、必要に応じて改善策を立てる**ことが大切です。利用者の嚥下状態や食の好み、価値観に配慮した介助ができなければ、当然ですが、しだいに利用者の食べる意欲も低下してしまいます。

　目隠しをして食べさせてもらうと、それが大好物であっても味を感じないことがあります。つまり、口に入る食べ物の事前情報は、味覚に深くかかわっているのです。したがって、**食事における「見た目」や「利用者の認識」を大切に**する必要があります。

　薬についても、食事にまぜることは避け、医師の指示に従い、水かぬるま湯で飲んでもらいます。ただし、嚥下状態によっては、水と一緒に飲むことで誤嚥しやすくなる場合もあります。このような場合は服薬用のゼリーなどの活用を検討しましょう。

 **錠剤は粉砕して飲んでもよい？**

　薬には、散剤（粉薬）、錠剤、カプセル剤など、さまざまな形態がありますが、いずれもその薬の効果等を考慮してつくられています。したがって、利用者が飲みにくいからといって、介護職の判断で、錠剤を粉砕したり、カプセル剤を分解したりしてはいけません。必ず医療職に相談しましょう。

利用者さんの食事の楽しみを奪ってはいけないね。

## 4 急変時の対応が怖い、難しい

**考えてみよう！** 目の前で利用者が窒息してしまったら？

　利用者Lさんは、食事中に食べ物が詰まったようで、とても苦しそうです。声も出ません。Lさんの苦しそうな様子に、介護職のAさんはパニックになってしまいました。

目の前で利用者さんが窒息してしまったら、やっぱり怖くてパニックになってしまうと思うなあ。どのように対応すればいいのかも、わからなくなってしまいそう……

食事中の誤嚥や窒息は起こり得ることだよ。日頃からのアセスメントや判断力が問われるよね。対応方法を確認しておくことが大切だよ。

118

Part 3 食事

### 確認しよう！　窒息の原因と意識の有無は？

**チェック 1　何が詰まったのかを確認する！**

食事内容を確認し、何が気管に詰まったのか、呼吸状態はどうかを確認します。また、声をかけて、自分で吐き出すことが可能かどうかを確認します。

**チェック 2　意識の有無を確認する！**

意識レベルを確認し、咳き込むことができるかどうかを確認します。意識があるかどうかで対応方法が変わります。また、この状況で吸引器や吸引ノズルなど、必要物品の場所を把握できていることが重要です。

**チェック 3　日頃から準備をしておく！**

日頃からアセスメントができており、緊急時の対応についての準備をしておくことが大切です。摂食・嚥下の評価が行われており、誤嚥や窒息が発生したときの対応が理解できていれば、落ち着いて行動できます。

もしものときを考えて、手順を確認しておかなければいけないね。

対応方法のシミュレーションが大事だよ。

119

**どうしたらいいの？** 必ずチームで対応しよう

&lt;指拭法&gt; 　　　　　　　&lt;タッピング&gt;

**ポイント 1** 誤嚥・窒息時の対応を確認しておく

**ポイント 2** 誤嚥が生じるタイミング（「嚥下前」「嚥下中」「嚥下後」）を理解し、注意して観察する

 **誤嚥・窒息時の対応**

①一人では対応できないため、必ず協力を求める
②意識の有無を確認して、義歯を装着している場合ははずす
　＊意識がなければ救急搬送の手配をして、救急対応をする（意識があれば、以下に続く）
③口の中に指を入れて食べ物をかき出す（指拭法）
　＊意識があり、口腔内に食べ物が見えている場合は、指に清潔なガーゼを巻き付けてかき出す
　＊このとき、詰まった物を押し込まないように注意する
④喉の奥に指を入れ、嘔吐反射を利用する
⑤タッピングする
　＊掃除機に専用のノズルをつけて吸引することも念頭におく
　＊誤嚥しやすい利用者の近くには吸引器を置いておく
　＊誤嚥事故は誰にでも起こり得るため、全体を見渡し、注意する
　＊なめらか食の利用者が、隣の利用者の普通食を食べて誤嚥する可能性もあるので注意する

## ● 日頃から嚥下機能の評価と緊急時の対応方法を確認しておこう

　誤嚥は、「嚥下前」「嚥下中」「嚥下後」に起こる可能性があることをふまえて評価します。①食べ物を口の中に入れるときにあごを引くことができているか、②あごを動かしてしっかりとかみくだいているか（かみくだくのに時間がかかりすぎていないか）、③かんでから飲み込むまでに時間がかかりすぎていないか、④飲み込む際に喉仏が斜め上に動いているか、⑤声に「ゼロゼロ」といった音がまざっていないか、⑥胸やけなどの症状がないかなどを確認し、**チームで嚥下機能を評価することで、誤嚥や窒息を防ぐ**ことができます。また、食事中は、話しかけるタイミングによって誤嚥や窒息を引き起こすこともあるので注意が必要です。

　窒息の場合、死亡に至るまでに、呼吸困難→チアノーゼ→呼吸停止という経緯をたどります。チョークサイン（両手で首を押さえるようなポーズ）が見られるなど、窒息と判断できる場合は、**気道をふさいでいる食べ物をなるべく安全に取り除く**ことが大切です。このとき、無理をすると喉を傷つけてしまうため気をつけましょう。口の中を確認して指で取り出す（指拭法）→タッピング→掃除機吸引の順に対応すると、利用者の身体にかかる負担を減らすことができます。各事業所のマニュアルに従い、チームで対応しましょう。

**むせ＝誤嚥ではない**

　むせは、喉頭（こうとう）や気道に入った異物を体外に排出するための正常な「生体防御反応（むせ込みによって誤嚥から身体を守る反応）」です。「むせ＝誤嚥」と考えていると判断を誤って肺炎のリスクを増大させてしまうこともあります。

## 5 薬の飲み忘れに気づいたら？

**考えてみよう！** 飲み忘れた薬は、まとめて飲んでも大丈夫？

　利用者Mさんは、夕食後の薬を飲むところです。昼食後に飲むはずの薬を飲んでいないことに気づいた介護職のBさんは、昼食後の薬もまとめて飲むようにMさんに伝えています。近くにいた先輩が驚いています。

昼食後の薬を飲み忘れてしまったら、夕食後に一緒に飲めばいいような気もするなあ。ダメなのかなあ？

昼食後に飲むべき薬を夕食後にまとめて飲んで、本当に大丈夫かな。身体にどんな影響があるか考えてみよう！

Part 3　食事

### 確認しよう！　薬の効果は？　身体への影響は？

**チェック 1　1日何回飲む薬なのかを確認する！**

飲み忘れた薬が1日何回飲むものなのかを確認することが重要です。次の内服時間との関係や薬の種類や効用によって、対応は変わります。飲み忘れた薬を介護職の判断で飲ませてはいけません。

**チェック 2　副作用が強く出る可能性がある！**

どんな薬でも、血液中の濃度を最適にするため、1回に飲む量や1日に飲む回数が決められています。2回分を一度に飲むと、血中濃度が必要以上に高くなり、危険な状態になったり、薬が効きすぎて強い副作用を引き起こしたりする可能性があります。

### 飲み間違いを防ぐためのチェックポイント

- ☑ 正しい利用者か：ショートステイなどで顔と名前が一致しない場合もあります。細心の注意が必要です。
- ☑ 正しい時間か：食前に飲むのか、食後に飲むのかを、一包化されている袋の印字を見て必ず確認します。食間や就寝前に飲むものや、時間指定のあるものもあります。
- ☑ 正しい薬剤か：薬剤は、看護職が処方箋等を確認してセットしていますが、介護職も何種類あるのかを確認します。
- ☑ 正しい量か：看護職が一包化されたものを準備していますが、薬が何錠あるのか、漢方などがいくつあるのかなどを確認します。
- ☑ 正しい方法か：日時および内服方法（経口または舌下薬、バッカル錠か）などを確認します。

バッカル錠とは、頬と歯ぐきの間にはさんで、唾液でゆっくりと溶かして、口腔粘膜から吸収させる薬のことだよ。

123

**どうしたらいいの？** 勝手に判断せず、医療職に報告しよう

**ポイント 1** どのような場合でもまとめて2回分を服用させない

**ポイント 2** 薬の作用を理解する

**ポイント 3** 飲み忘れに気づいた場合は、すぐに医療職に報告する

## 服薬のタイミング

**食前**（食事の30分前に服用）
　空腹の状態で服用します。胃の中に食物や胃酸が多い状態では吸収が悪くなる薬などが該当します。血糖値をコントロールする薬を食前に服用した場合は必ず食事をとりましょう。

**食直前**（食事をはじめるときに服用）
　最初の一口を食べる前に服用します。血糖値をコントロールする薬などが該当します。

**食直後**（食事のすぐ後に服用）
　食事の最後（食卓を離れるとき）に服用します。

**食後**（食事の30分後に服用）
　消化された食物が胃の中にある状態で服用します。胃壁に対する薬の刺激が少なくなります。

**食間**（食事のおよそ2時間後に服用）
　空腹の状態で飲むと吸収がよい薬や、胃の粘膜（ねんまく）を保護するための薬などが該当します。

**寝る前**（寝る直前か、そのおよそ30分前に服用）
　薬を飲み込んですぐに横になると、食道に薬が停滞してしまうことがあるので注意が必要です。

○**時間ごと**（食事に関係なく一定の間隔（かんかく）で服用）
　6時間ごと、8時間ごと、12時間ごとなど指定された間隔をおいて服用します。

**頓服**（とんぷく）（必要に応じて服用）
　一般的に、6～8時間の間隔を空けて服用します。

Part 3　食事

● **薬の飲み忘れに気づいたら、すぐに医療職に報告しよう**

　薬は、**利用者自身が服薬の目的や効果を理解し、納得して飲むことが大切**です。しかし、認知機能の状態によっては、なぜ薬を飲まなければいけないのかと疑問に思い、飲むのをやめてしまったり、飲んだかどうか、わからなくなってしまう利用者もいます。一方で、薬の飲み忘れに気づいたら、介護職に伝えてくれる利用者もいます。

　薬は、吸収→分布→代謝という流れで身体の中で作用します。介護職は、利用者の疾病や障害、服薬の重要性について正しく理解すること、**正しく、継続的に服薬することによって、血中濃度が一定に保たれ、薬の作用が現れる**ことを理解する必要があります。薬の飲み方によっては、状態を悪化させてしまうことも意識しておきましょう。

**服薬時に注意が必要な食品**

＜作用が増強する組み合わせ＞
①グレープフルーツジュース＋カルシウム拮抗薬・抗てんかん薬など（血圧が下がったり、頭痛・めまいなどが現れる場合がある）
②カフェイン＋気管支拡張薬（頭痛や動悸などが現れる場合がある）
③チーズ＋抗結核薬・抗うつ薬（頭痛や高血圧などが現れる場合がある）
④アルコール＋睡眠薬・抗不安薬・抗てんかん薬・糖尿病治療薬（鎮痛作用や血糖降下作用の増強などが現れる場合がある）
＜作用が減弱する組み合わせ＞
①納豆＋ワルファリン（納豆のビタミンKによって薬の作用が減退する）
②牛乳＋抗菌薬・骨粗鬆症治療薬・鉄剤（カルシウムやマグネシウムと結合しやすく吸収を阻害する）

# 3 口腔ケア

**1** 口の中がよく見える体勢を優先する？

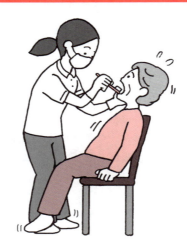

**考えてみよう！** 口の中はよく見えるけれど、利用者の姿勢は？

口腔ケアの場面です。介護職のAさんは一生懸命利用者のNさんの口の中を見ようとしていますが、Nさんはむせ込んでしまいました。姿勢もくずれています。

口の中を一生懸命見ていたら、Nさんの姿勢がくずれてしまったんだね。しかもむせ込んでしまった……

この姿勢で口腔ケアを行うと、唾液や水分などで誤嚥を引き起こしてしまうよね。正しい姿勢について考えてみよう！

Part 3　食事

> 確認しよう！　どこがダメ？　なぜダメ？

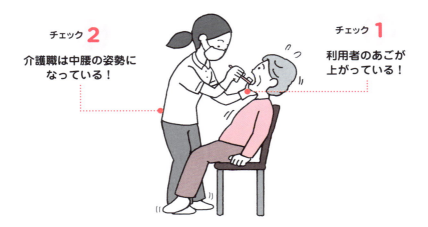

チェック 2
介護職は中腰の姿勢に
なっている！

チェック 1
利用者のあごが
上がっている！

### チェック 1　利用者のあごが上がっている！

　口腔ケアには、誤嚥を予防する目的もあります。しかし、介護職が上からのぞき込むと利用者のあごが上がってしまい、誤嚥のリスクが高くなります。

### チェック 2　介護職は中腰の姿勢になっている！

　口の中がよく見えるようにと、介護職が上からのぞく姿勢になると、腰痛の原因になります。

> でも……、口の中がよく見えないと口腔ケアはできないんじゃないかなあ？

127

> どうしたらいいの？　**介護職も座ろう**

**ポイント 1**　利用者の座位を安定させ、あごが上がらないようにする

**ポイント 2**　介護職はいすに座り、利用者と同じ高さで介助を行う

 **口腔内の観察ポイント**

口腔ケアの際には、次の点を確認しましょう。
- ☑ 口唇や口角の乾燥の有無
- ☑ 口臭の有無
- ☑ 自歯、動揺歯の状態
- ☑ 歯垢・歯石の付着の有無
- ☑ 義歯の適合性、破損や汚れの有無
- ☑ 口腔内の乾燥の有無と程度
- ☑ 舌苔などの有無
- ☑ 食物残渣の有無
- ☑ 疼痛の有無
- ☑ 出血の有無
- ☑ 歯肉の腫脹、発赤の有無
- ☑ 潰瘍の有無
- ☑ 分泌物や痰などの付着状態

これなら利用者さんも介護職も安心だね。

## ●「介助のしやすさ」の前に、利用者の状態を考えよう

　口腔ケアには、誤嚥や誤嚥性肺炎を予防する目的があります。しかし、介助のしやすさを優先して、利用者の姿勢を考えなければ、かえって誤嚥を招く危険があります。

　口腔ケアは、利用者の身体状況によって、座位のほか、ベッド上でファーラー位、セミファーラー位、側臥位などで行うこともあります。いずれの場合も、**体幹が安定し、首が後ろに反らないように（あごが上がらないように）**枕やクッションなどを活用して、**姿勢の調整を丁寧**に行いましょう。

　また、介護職の姿勢も重要です。腰を曲げた姿勢では、腰痛の原因になります。**いすに座るなど、環境を整えて**行いましょう。

### 片麻痺の利用者の口腔ケア

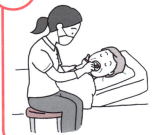

ベッド上で、側臥位で口腔ケアを行う場合、麻痺側を下にすると、たまった汚れや汚水を誤嚥する危険が高くなります。したがって、麻痺側を上にして側臥位をとり、誤嚥しにくくするために、顔を少し上に向け、麻痺側の咽頭部をせまくします。

正しい姿勢で行わなければ、誤嚥を予防するどころか誤嚥の原因をつくってしまうよ。

## ② 義歯のはずし方・つけ方に順番なんてあるの？

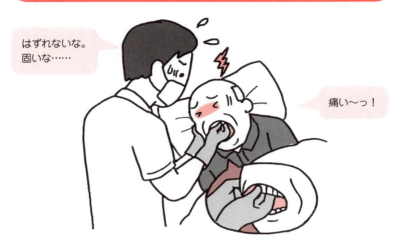

**考えてみよう！** なぜ利用者は、痛がっているのかな？

　介護職のBさんは、利用者Oさんの上あごの義歯（総義歯）をはずそうとしていますが、なかなかはずれず、あせっています。Oさんも痛みがあるようで、苦痛な表情をしています。

義歯をはずすのは、やっぱり難しそう……。Oさんもずっと口を開けているのはつらいだろうなあ。

義歯は、種類によってはずし方、つけ方が異なるよ。はずし方、つけ方、順序、管理方法について確認してみよう！

Part 3 食事

**確認しよう！** 義歯をはずす方法、順序、留意点は？

**チェック 1　上あごの義歯（総義歯）のはずし方を理解していない！**

総義歯の特徴をふまえ、はずし方・つけ方の基本を理解していないと、利用者に痛みや苦痛を与えてしまいます。

**チェック 2　総義歯をはずす順序が異なっている！**

総義歯の場合は、あごの構造をふまえ、先に下をはずし、次に上をはずします。利用者の状況によっては、義歯が歯肉に合っていないほうからはずす場合もあります。

**チェック 3　義歯を壊してしまいそう！**

義歯は扱い方によっては、とても壊れやすいので、取り扱いには細心の注意を払う必要があります。

**義歯の装着に苦痛が伴うと……**

義歯の装着に時間がかかる、痛みが伴うなど、利用者に苦痛を与えてしまうと、義歯をつけたり、はずしたりすること自体がいやになり、義歯をはずさなくなってしまいます。そうなると、義歯が汚れ、菌が繁殖し、肺炎などを招く可能性があります。

義歯にはずす順序があるなんて知らなかった！

131

**どうしたらいいの？** 利用者に苦痛を与えない方法を身につけよう

**ポイント 1** 総義歯の正しいはずし方・つけ方を身につける

**ポイント 2** 義歯は熱や乾燥(かんそう)で変形しやすく、壊れやすいため、はずしているときは水につける

## 総義歯のはずし方・つけ方

＜はずし方＞
①義歯が歯肉に合っていない場合は、合っていないほうからはずす
②下あごの総義歯から先にはずすとはずしやすい
③下あごの総義歯は、前歯部分を持ち上げるとはずしやすい
④上あごの総義歯は、前歯部分を指でつまんで押し上げ、義歯の奥側を下げてはずす（はずれにくい場合は、左右に動かしながらはずす）
※はずしにくい義歯もあるので破損しないように注意する

＜つけ方＞
①ぴったりとはまるほうからつける
②上あごの総義歯からつけるとよい（下あごの総義歯がつけやすくなるため）
③上あごの総義歯は左右片側からはめて、もう一方をはめる
④はまったら中央を押しつけてぴったりはめる
⑤下あごの総義歯も上あごと同様の手順で行う

## 医療保険の適用

　新しくつくった義歯を紛失したり破損したりして、6か月以内につくり直す場合は医療保険が適用されません。利用者の生活に影響することをふまえ、清掃や管理をする必要があります。

## ● 義歯の取り扱い方法の基本を確認しておこう

義歯には、かむ、外観を保つ、話す、表情を豊かにする、覚醒刺激になるなどの効果があります。

義歯の取り扱いについては、**基本を理解し、利用者の義歯の状態を把握する**ことが重要になります。

観察項目としては、①義歯が不安定ではないか、②咀嚼時に痛みはないか、③開口した際にはずれやすくないかなどを確認します。装着時に指で押してぐらつきがないかを確認する習慣をつけておくとよいでしょう。また、義歯は数日間装着しないだけでも合わなくなることがあります。したがって、**できるだけ装着してもらえるようにかかわる**ことも重要です。

### ブリッジ(クラスプ)のはずし方・つけ方の基本

はずしにくい、つけにくいからといって力まかせに介助すると痛みが伴います。場合によってはブリッジ(クラスプの金具で引っかけているところ)で使用している歯が抜けてしまう可能性もあります。

＜はずし方＞

クラスプの位置を確認し、左右のクラスプを上あごの場合は人差し指、下あごの場合は親指にかけて、歯ぐきと反対側にゆっくりと均等に動かしながらはずします(このときにクラスプが歯肉に当たらないように気をつけます)。介護職の手も傷つけないように、力まかせで行わないことが大切です。

＜つけ方＞

歯の位置を確認し、クラスプを指で押してつけます。

義歯はできるだけ装着することが大切だよ。

そうなると、痛みや苦痛は避けたいね。

## 3 感染症がなければ、マスクと手袋は必要ない？

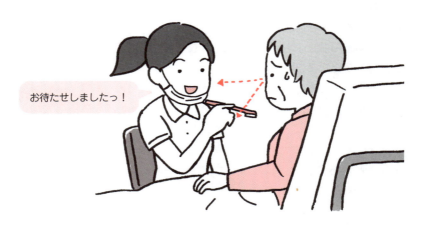

考えてみよう！　マスクや手袋は、どんなときにつける？

　介護職のAさんは利用者Pさんの口腔ケアを行うところです。Pさんを待たせてしまったようで、あわててはじめようとしていますが、マスクも手袋もつけていません。

感染症のない利用者さんだったら、マスクや手袋はつけなくても大丈夫じゃないかなあ？

「感染予防」の視点で考えてみよう。本当に大丈夫かな。

Part 3　食事

**確認しよう！**　マスクや手袋をつけないと、どうなる？

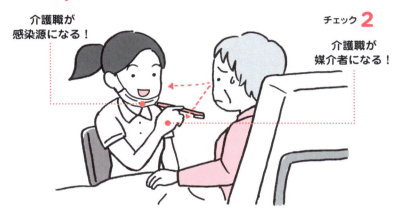

チェック1　介護職が感染源になる！

チェック2　介護職が媒介者になる！

### チェック1　介護職が感染源になる！

　口腔内には多数の細菌やウイルスが存在している可能性があります。つまり、マスクをしていなければ、介護職の口腔内の細菌やウイルスが利用者の口腔内に侵入する可能性があります。また、手を洗っていたとしても、完全に除菌ができているとは限らず、手袋をしていなければ、感染源となる可能性があります。

### チェック2　介護職が媒介者になる！

　口腔内には多数の細菌やウイルスが存在しています。したがって、手袋をつけずに口腔ケアを行うことによって、利用者の口腔内の細菌やウイルスが介護職の手を介して広がってしまう可能性があります。

135

どうしたらいいの？　スタンダードプリコーション（標準予防策）を徹底しよう

 **ポイント 1**　スタンダードプリコーションを理解する

 **ポイント 2**　口腔ケアを行うときは、手袋、マスクを必ずつける

### スタンダードプリコーション

「血液、体液、分泌物、排泄物、創傷皮膚、粘膜などは、感染する危険性があるものとして取り扱わなければならない」という考え方をスタンダードプリコーションといいます。

### こんなケアも、NG

たとえ手袋をつけていても、同じ手袋をつけたまま、別の利用者の口腔ケアを行ったり、手袋をつけた状態で「消毒」をして、そのまま別の利用者の口腔ケアを行ったりすることは、感染予防にはなりません。

## ●「感染予防」は、チームでの共通認識を大切にしよう

　感染予防は、チームで取り組まなければ意味がありません。**集団感染の予防には、一人ひとりの正確な知識と実践が重要**です。
　口腔ケアの際には、必ずマスクと手袋をつけ、必要に応じて使い捨てのエプロンを使用します。
　感染予防の基本は、「手洗い」です。一つのケアごとに、ケアの前後に必ず流水と石けんで手を洗いましょう。手指消毒は、まず手のひらにアルコールを取り、そこに左右の指先をつけた後、手のひらにすり込みます。指先の消毒を忘れがちなので、注意しましょう。

### 手袋はいつ交換するの？

　使い捨て手袋は、1回のケアごとに交換します。同じ利用者であっても、ケアの実施後にははずして手を洗い、新しい手袋をつけて次のケアを行います。交換時は汚染した部分が内側になるようにはずし、丸めて捨てます。手袋を二重にして使用している場合は、外側の手袋が破れたら内側の手袋も取り換えましょう。
　「手袋に少しでも体液が触れたら交換する」ことを徹底しましょう。

感染予防としては、「1ケア1手洗い」「ケア前後の手洗い」が基本だよ。

感染予防には一人ひとりの意識と行動が大切なんだね。

# Part 4

## 排泄

利用者さんの排泄のタイミングをつかむのが難しいなあ。

排泄は健康のバロメーターだから、しっかりアセスメントしよう！

# 1 トイレ誘導

## 1 トイレに誘導後、介助に入るタイミングがわからない

どうですか。
終わりましたか。

**考えてみよう！** トイレ介助時の「見守り」とは？

　トイレ介助の場面です。利用者Dさんは、座位が不安定なので、見守りが必要です。介護職のAさんは、Dさんの正面で、排泄が終わるのを待っているようですが、Dさんは何だか落ち着かない様子です。

見守りが必要だから、この状況は仕方ないのかな。でも、やっぱりDさんは落ち着いて排泄できないと思うなあ。

トイレ内に一緒にいて、正面から声をかけられたり、排泄を促されたりしたらはずかしいし、落ち着かないよね。どうしたらいいか、考えてみよう！

### 確認しよう！　どこがダメ？　なぜダメ？

**チェック 1　便意が消失してしまう！**

　たとえ見守りが必要な状態だとしても、目の前に他人がいる状況では、落ち着いて排泄することは困難です。特に便意は、タイミングが重要であり、我慢してしまうと感じなくなってしまいます。

**チェック 2　羞恥心への配慮がない！**

　トイレ内での見守りが必要な利用者もいますが、正面から見られている状況は、羞恥心や尊厳への配慮に欠けています。

**チェック 3　失禁につながる可能性がある！**

　落ち着いて排尿・排便ができなければ、排尿・排便のリズムがくずれ、失禁につながる可能性があります。

 **尿失禁の有無の確認**

　排泄介助の際には、パッドに排尿しているかどうかを必ず確認します。排尿があった場合は、量や色のほか、温度（温かいのか、冷たくなっているのか）を確認し記録することで、トイレ誘導のタイミングを検討する材料になります。

**どうしたらいいの？** 見守りの方法、声かけのタイミングを考えよう

**ポイント 1** 排泄中はトイレの外で待機できるかどうか、環境を含めて検討する

**ポイント 2** どうしてもトイレ内での見守りや声かけが必要な利用者の場合は、利用者の視界に入らない位置に立つ

**ポイント 3** 尿失禁があるかどうかを必ず確認する

 **排泄チェック表の分析**

利用者の生活スタイルと排尿・排便パターンを理解してトイレに誘導していなければ、トイレに行っても排泄はできません。排泄チェック表の分析や1日の水分と食事摂取量を把握したうえで、介助の方法、声かけのタイミングなどを検討しましょう。

安全と羞恥心の両方に配慮することが大切なんだね！

## ● 利用者の排泄のタイミングを丁寧にアセスメントしよう

　利用者のふだんの生活のリズムや排尿・排便のしくみをふまえると、トイレ誘導や誘導後の声かけ、介助のタイミングが予測できます。

　尿が膀胱に150〜200㎖たまると排尿中枢を経由して脳に信号が伝わり、尿意を感じます。尿意を感じると人は、トイレに向かい、便座を確認し、筋肉を弛緩したり、収縮したりしながら排尿します。

　一方、便意は、直腸に便がたまったことが脳に伝わることで感じられ、排便行動を促しますが、我慢すると10〜15秒程度で消失することがあります。つまり、声かけのタイミングや介助のタイミングが合わず、「我慢」させる状況が生じると、せっかくトイレに誘導しても排便できないことになります。

　したがって、疾病や障害の状況をふまえ、一人ひとり丁寧にアセスメントを行うことで、適切なタイミングを計る必要があります。トイレに誘導した後は、介護職はできるだけトイレの外で待つか、**利用者の視界に入らない位置で見守り、利用者の尿意や便意、排泄行為をじゃましない**ように配慮しましょう。

### こんな経験、ない？

　利用者をトイレに誘導し、そのままにしてしまった……という経験はないでしょうか。あってはならないことですが、トイレへの誘導をルーティンで行っていると起こり得ます。何となく「誰かが見てくれているだろう」という感覚で忘れてしまうこともあります。排泄チェック表には、排泄後に利用者をどこに誘導したかも記入し、チームで共有することで、このような状況を防ぐことができます。

## 2 便座に座っても、排尿・排便がないことが多い

**考えてみよう！** 排尿・排便のしくみは？

　小柄な利用者Ｅさんは、トイレで排泄しようとしています。床にしっかりと足底をつけて、前傾姿勢をとっていますが、うまく排泄できないようです。

しっかり座って前傾しているし、環境は整っているように見えるけど……。どうしてうまく排泄できないのかなあ。

一見すると、排泄のための姿勢は保持できているようだけど、どうかな？　排尿・排便のしくみを確認しながら詳しく見ていこう！

Part 4　排泄

> 確認しよう！　うまく排泄できない原因は？

### チェック 1　あごが上がっている！

　足底をしっかり床につけて、前傾姿勢をとっていますが、あごが上がってしまっています。これでは、おなかにぐっと力を入れることができません。

### チェック 2　便座にお尻がすっぽりはまっている！

　便座に安定して座り、腹圧をかけることができれば排泄が可能な訳ではありません。小柄なEさんは、便座に座った際に、お尻がすっぽりとはまってしまい、肛門（こうもん）が開きにくい状況になっています。これでは、うまく排泄できません。

### チェック 3　誘導のタイミングが合っていないのかも?!

　食事の摂取時間（せっしゅじかん）、摂取量、水分摂取量などをふまえて、適切なタイミングでトイレに誘導できていなければ、もちろん排泄は難しくなります。

145

どうしたらいいの？　環境と水分・食事摂取量も考慮しよう

**ポイント1**　足底、前傾姿勢、頸部（首の部分）の屈曲に加え、便座のサイズを確認する

**ポイント2**　排便や排尿のしくみ、食事や水分摂取量をふまえ、トイレ誘導のタイミングを検討する

 **排泄時の正しい姿勢**
- ☑ 床に足底がしっかりついている
- ☑ 前傾姿勢になっている
- ☑ 頸部を屈曲している
- ☑ 便座の形・大きさが利用者のお尻に合っている
    - →肛門が開きやすい
    - →必要に応じて、福祉用具（ソフト補助便座など）を活用する

 口から食べ物を食べて便になるまでの時間は、24時間から72時間が正常とされているよ。

## ● ちょっとした姿勢や環境の調整を大切にしよう

　当たり前ですが、便座に座ってもらうことが排泄介助ではありません。利用者が気持ちよく排泄するまでのプロセスを理解し、姿勢や座位バランスを保持する介助も必要です。そこで見逃しがちなのが、利用者の体格と便座のサイズです。きちんと**お尻が便座にフィットして、肛門が開きやすい形で座っている**か、確認してみてください。

　また、排尿・排便までのプロセス、食事（イン）と排泄（アウト）の関係を理解し、正常と異常の違いや便秘の原因、腸のはたらきを促す方法や福祉用具の活用法など、排泄介助をさまざまな側面から振り返ることが大切です。

　**便は、食後、24時間から72時間で排出されるのが「正常」**とされていますが、それは食事摂取量と水分摂取量、健康状態（発熱の有無など）などによって変化します。地道な取り組みですが、日々の観察と食事摂取量や水分摂取量の把握のため、チェック表の活用が有効です。

### 排便のしくみを確認しよう

　排便を促すためには、①座位、②腹圧、③重力がポイントになります。「腹圧」と「重力」の方向が一致することで便はスムーズに排出されます。したがって、例えば、寝たままの姿勢では、腹圧がかかっても重力と方向が一致していないので、便は少量ずつしか排出されません。

腸のはたらきを促すには、水分摂取などのほかに、体幹をひねる運動（回旋運動）も必要だよ。

# 2 おむつ交換

### ① おむつ交換は、1日何回すればよい？

**考えてみよう！** おむつ交換は、回数が多いほうがよい？

　介護職のAさんは、おむつ交換の回数について悩んでいます。どのように考えたらよいのでしょう。

おむつ交換は、1日に何回するのがいいのかなあ？　多いほうがいいような気もするけど……

おむつ交換の回数は、誰がどのように決めるのかな？　おむつ交換のタイミングや考え方を確認してみよう！

## 確認しよう！　おむつ交換の回数が多いとどうなる？

**チェック 1　利用者の生活リズムがくずれる！**

おむつ交換は頻繁に行うのがよいと考えると、夜中も含めて、1日7～8回、交換することになります。しかし、それでは夜間の睡眠がさまたげられ、昼間ウトウトして活動量が低下するなど、利用者の生活リズムがくずれる可能性があります。認知症の利用者では、不快な刺激が、行動・心理症状（BPSD）を誘発してしまうなど、生活への影響も出てくる可能性があります。

**チェック 2　利用者の精神的負担が増える！**

おむつ交換などの排泄介助は、羞恥心や尊厳にかかわることであり、利用者のQOL（生活の質）に大きく影響します。したがって、単純に回数を増やせばよいということではありません。回数が多ければ多いほど、そのつど、利用者に精神的な負担がかかることも考慮する必要があります。

尿量に合ったパッドを使うことも有効だよ。

**どうしたらいいの？** 一人ひとりに適した回数を考えよう

**ポイント 1** 日中の活動量や覚醒レベルを上げ、生活リズムを整えるためには、睡眠時間と睡眠の質の確保のために、夜間の交換回数を減らすことを検討する

**ポイント 2** 排泄チェック表を活用し、交換する回数や時間帯、尿量に応じたパッドの種類等をチームで検討する

 **利用者Fさんの場合**

おむつ交換は、1日4回（場合によっては3回にする）
①起床時におむつ交換orトイレ誘導
②朝食後、約1時間でおむつ交換orトイレ誘導（陰部洗浄）
③昼食後、約1時間でおむつ交換orトイレ誘導
④夕食後、寝るまでの間（20時過ぎ）におむつ交換orトイレ誘導
※③と④の間に1〜2回、トイレ誘導

　このパターンを継続していくうちに、Fさんは、生活リズムが整い、夜の中途覚醒も減り、日中もおだやかな表情で過ごす時間帯が増えました。
　利用者の排泄パターンをふまえ、日中はできるだけトイレで排泄（尿・便）するようにかかわりましょう。

## ● おむつ交換の回数は、利用者の生活リズムを意識して考えよう

おむつ交換の時間帯や回数の考え方は、事業所によってさまざまです。介護現場では、ベテランになるほど我流でおむつ交換を行っている介護職が多くなる傾向がありますが、本当にそれでよいのでしょうか。また、「排泄チェック表」はつけていても、それを介助にいかせていないという状況はないでしょうか。

排泄チェック表は、利用者一人ひとりの排泄パターンに合わせた介助を行うためにつけるものです。蓄積した情報を分析して、その利用者に適した生活のスタイルを提供するためのものです。

排泄介助については、①おむつやパッドの性能を理解し、正しい使い方をマスターすること、②おむつ交換のたびに利用者の状態や表情をよく観察すること、**③利用者の生活目標をふまえ、チェック表のデータをもとに回数や時間帯を検討する**こと、④尿量に合わせたパッドを選択（せんたく）し、使用することが重要になります。

### パッドを選ぶコツ

尿取りパッドの1回分の吸収量の表示は150ccが多く、「○回分吸収できる」と表示してあります。ただし、それは最大吸収量です。実際には、表示の3分の2程度の量でパッドの種類を選択すると失敗が少ないように思います。いずれにしても介護職はパッドの性能を把握（はあく）しておくことが大切です。

生活リズムを考えて一人ひとりの排泄パターンを理解することが大切だね。

## ② パッドを重ねれば、尿は漏れない？

**考えてみよう！** なぜ、尿漏れが起こるのかな？

　おむつ交換の場面です。介護職のＢさんは、頻繁に尿漏れをしてしまう利用者Ｇさんに、パッドを重ねて使用しています。それでも漏れてしまったので、さらにパッドを重ねようとしていますが、Ｇさんは不安そうな表情を浮かべています。

尿が漏れてしまうからパッドを重ねるのは、間違っていないような気がするけど、Ｇさんは不安そうだね。

尿が漏れてしまう原因は何かな。パッドを増やせば解決することなのかな。パッドの特徴もふまえて考えてみよう！

Part 4　排泄

### 確認しよう！　パッドを増やせばよい？

**チェック 1　尿道口にパッドが密着していない?!**

　高齢者の尿は、勢いがなくゆるやかにチョロチョロと流れ出るため、パッドと尿道口の間に隙間ができていると、パッドの吸収体に吸収される前に尿が身体を伝い、足周りなどから漏れやすくなります。また、パッドの山折り部分が尿道口に当たっていると、尿がパッドの表面を流れて漏れやすくなります。

**チェック 2　尿漏れや皮膚トラブルを招いてしまう！**

　パッドのバックシート（外側のシート）は尿を通さないため、重ねて使用しても吸収量は変わりません。重ねて使用することでかさばり、肌との間に隙間ができ、そこから尿が漏れる可能性があります。また、擦れて、皮膚トラブルを招く可能性もあります。

**チェック 3　不快感を与える！**

　パッドを何枚も重ねると、ごわごわしたり、ずれたりして、とても不快です。利用者は不快感を取り除こうとして、パッドをはずそうとしたり、直そうとしてずらしたりした結果、尿漏れにつながる可能性もあります。

パッドの枚数を増やせばいいという問題ではないんだね。

**どうしたらいいの？** 基本は、パッド1枚、おむつ1枚で対応しよう

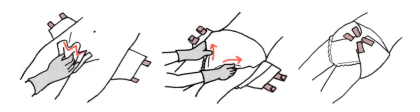

**ポイント 1** パッドは、尿道口にあたる先端部分をW字型に折り、つまんで当てる（W字型にできない場合はV字型でもよい）
※パッドをつまみ、W字型orV字型にすることによりギャザーが立ち、鼠径部にフィットしやすくなる

**ポイント 2** パッドの吸収体の部分を尿道口に密着するように当てる
※おむつを当てるまでパッドから手を離さないようにする

**ポイント 3** おむつは利用者の大腿部の付け根部分（鼠径線）に合うものを選ぶ
※鼠径線の内側におむつを当てることで、足が動いてもおむつがずれにくくなる

**ポイント 4** テープをクロスになるように止めて、身体にフィットさせる

### 利用者の体型に合ったパッドやおむつを選ぼう

利用者の体型に合ったサイズや吸収量を理解せずに、パッドやおむつを選択していると、尿が漏れやすく、衣類を汚してしまいます。排泄物の量や性状は、一人ひとり異なるため、利用者に合ったパッドやおむつを選択し、テープの止め方と装着方法にも留意しましょう。

## まずは、おむつとパッドの性能を理解しよう

おむつやパッドは、さまざまな種類がありますし、日々、改良が重ねられています。まずは、現在**使用しているおむつとパッドの性能を確認し、利用者の体型や状態に適しているかどうかを検討**してみましょう。それだけで、漏れなどのトラブルを解消できることもあります。

また、パッドやおむつを重ねて使用している場合は、パッドの当て方とおむつの鼠径部へのフィット具合も確認しましょう。

①おむつやパッドの多重使いをしないこと、②サイズや吸収量を見きわめ、使い分けることで、尿漏れを軽減することができ、利用者の負担の軽減やQOL（生活の質）の向上につながります。

### 陰茎が短い男性の場合は？

陰茎が短い男性の場合、パッドを蛇腹に折って使用する方法があります。その場合は山の数を四つにして、2番目と3番目の間に陰茎を包みます。この方法は、尿が背中側に流れるのを防ぐことができるため、仙骨部に褥瘡がある利用者にも適しています。

### 拘縮のある利用者の場合は？

拘縮のある利用者の場合、尿道口にパッドが密着せず、漏れてしまうことがあります。その場合は、フィルムがなく、両面で尿が吸収できるパッドを使用して、折って当てるか、ロール状にして当てます。

## 3　陰部洗浄ではスピードを優先する?!

**考えてみよう！**　大切なのは、スピードなの？

　朝のおむつ交換の場面です。介護職のＡさんは利用者Ｈさんの陰部洗浄をしています。羞恥心を考慮し、早く終わらせなければとあせっていますが、混乱してしまっているようです。Ｈさんはこの状況にじっと耐えています。

Ｈさんの羞恥心を考慮して、早く終わらせなきゃとあせる気持ちが伝わってくるね……。でも、これできれいになっているのかなあ？

陰部洗浄をする際には、丁寧に確実にすることが大事だよね。利用者さんの身体に負担をかけないような配慮も必要だよ。

Part 4　排泄

確認しよう！　利用者の身体に負担をかけていない？

チェック 1　物品が散乱している！

チェック 2　きれいになっていない！

チェック 3　利用者への身体的負担が増えている！

### チェック 1　物品が散乱している！

　おむつ交換や陰部洗浄では、さまざまな物品が必要ですし、手順も複雑です。したがって、事前に手順をイメージし、動線を考えて物品を準備しておかなければ、混乱してしまいます。

### チェック 2　きれいになっていない！

　陰部洗浄を早く終わらせることばかりに注意が向いていると、十分にきれいになっていなかったり、皮膚の変化に気づくことができなかったりして、皮膚トラブルや尿路感染の原因になってしまうことがあります。

### チェック 3　利用者への身体的負担が増えている！

　陰部洗浄やおむつ交換をあせって行うと、何度も利用者の体位を変換することになったり、十分にきれいになっていないために、再度洗浄する必要が出てきたりと、利用者に身体的な負担、心理的な苦痛を与えてしまうことにもなります。

**157**

**どうしたらいいの？** 手順と留意点をイメージして、丁寧に実施することを心がけよう

お湯で流してキレイにしますね。

**ポイント 1** 手順と留意点をイメージし、動線をふまえて必要物品を準備する

**ポイント 2** 陰部洗浄は感染予防につながることもふまえ、丁寧に確実に実施する

**ポイント 3** 利用者のADL（日常生活動作）や障害、拘縮の程度をふまえ、利用者の身体的負担の軽減につながる方法を検討する

### 丁寧な実施が「時短」につながる

　おむつ交換や陰部洗浄は、丁寧に確実に行うことが大切です。あせって何度も体位を変えたり、洗浄し直したりすると、結果的にかかる時間も利用者への負担も大きくなります。利用者・介護職の両方にとって負担の少ないかかわり方を検討しましょう。

丁寧に確実に行うことが利用者さんの健康と"気持ちよさ"につながるよ。

## ● おむつ交換、陰部洗浄の目的をふまえ、利用者の「快」を大切にしよう

「おむつ交換」や「陰部洗浄」の手順や留意点は、必ずテキストに書かれています。その内容は、しっかり頭に入っているでしょうか。どのくらい身についているでしょうか。「早く終わらせること」ばかりに気を取られ、基本的な手順や留意点をふまえた介助ができていなければ、負担や苦痛を与えるなど、利用者に不利益を与えてしまいます。

**丁寧に、確実に行うことが利用者にとっても介護職にとっても負担軽減につながる**ことを理解し、実践（じっせん）しましょう。

### 陰部洗浄の目的は？

陰部洗浄は、入浴が困難な利用者にとってQOL（生活の質）を維持するためにとても重要な介助です。また、尿路感染（いじ）を防ぐ目的もあります。尿路感染は、ひどい場合には死に至る可能性もあります。したがって、洗い方、お湯の流し方、流した後のふき取り方など、感染予防と清潔（けつ・せい）を意識して実施する必要があります。

### 利用者の膝が開きにくいときは？

陰部洗浄の際に、膝（ひざ）がくっついて開きにくい利用者がいます。このとき、膝を無理に開こうとすると拘縮が悪化してしまいます。そこで、足先から軽く開き、くるぶしの間にタオルをはさんでから膝を開くと楽に開きます。膝が閉じてしまいそうな場合は、膝にタオルをはさむと陰部洗浄がしやすくなります。

**159**

## 4 報告が必要な「尿や便の異常な状態」とは？

これは正常？ 異常？

**考えてみよう！** 「正常」とは？ 「異常」とは？

　おむつ交換の場面です。介護職のBさんは、利用者Iさんの排泄物を見て、看護師に報告すべきかどうか、悩んでいます。テキストに書かれている「医療職に報告すべき状態」とは、どのような状態なのでしょうか。

「いつもと異なる場合は、医療職に報告する」ってテキストには書いてあるけど、実際にはどんなときに報告すればいいのかなあ？

「報告が必要な尿や便の異常な状態」について、具体的に確認してみよう！ これを見逃してしまうと、利用者さんの健康状態の悪化を招いてしまうね。

Part 4　排泄

**確認しよう！**　尿や便の異常を見分けるには？

**チェック 1**　尿の観察の視点を知る！

**①尿の色**

| | | |
|---|---|---|
| 正常 | 淡黄色か黄褐色（茶色がかった黄色） | |
| 異常 | にごった（混濁尿） | 膀胱炎・尿道炎・腎盂腎炎の可能性あり。尿中に細菌や白血球がまじり、尿がにごる場合がある。 |
| | 赤くなった（血尿） | 尿路結石（腹部の痛みを伴う）、急性腎盂腎炎（高熱を伴う）、膀胱炎（排尿時の痛みを伴う）の可能性あり。ただし、抗生物質、糖尿病の薬のなかには、尿を赤くするものがあるので注意が必要。 |
| | 色が濃くなった（濃縮尿） | 肝臓病、胆道の障害の可能性あり。尿の中にビリルビンという色素や尿素が増え、褐色になる。ただし、薬やビタミン剤を服用したとき、汗を多くかいたときにも強い黄色になることがあるので注意が必要。 |

**②尿の量**

| | | |
|---|---|---|
| 正常 | １日あたり１〜２ℓ | |
| 異常 | 尿の量が減った【１日に400〜500mℓ以下（乏尿）】 | 慢性腎炎（むくみや血尿がみられるとき）、急性腎炎（喉の痛みや発熱などに続いて起こったとき）の可能性あり。ただし、大量に汗をかいた後、下痢をした後はそれほど心配する必要はない。 |

**161**

| 異常 | 尿の量がとても増えた【1日に3ℓ以上（多尿）】 | 糖尿病（喉が渇く、体重が減少するなどの症状があるとき）、尿崩症（脳下垂体からのホルモン分泌異常）、腎臓病の可能性あり。ただし、お茶やコーヒー、ビールなど利尿作用のある飲み物や利尿剤を服用したときも尿量は増えるので注意が必要。老化に伴い夜間就寝中の尿量は増加することがある。 |
|---|---|---|

### ③尿の回数

| 正常 | 1日に5〜6回 | 夜間就寝中は尿意をもよおさない（0〜1回）。 |
|---|---|---|
| 異常 | 尿の回数が増えた【1日8回以上（頻尿）】 | 尿道炎、膀胱炎、膀胱がん（排尿時の痛み、頻尿や残尿感があるとき）の可能性あり。前立腺肥大症では、尿が出にくかったり、残尿感が現れたりするほか、夜間の排尿回数が増える。 |

チェック **2** 便の観察の視点を知る！

### ①便の形

| 正常 | バナナタイプ（普通便） | 健康状態がよく、食べた物の消化、吸収、排泄のしくみが順調に機能している。 |
|---|---|---|
| 異常 | コロコロタイプ（硬便） | 便秘の人に多い。排便のときに強く"いきむ"ので、肛門が切れて切れ痔（裂肛）になりやすい。食べ物が腸内に長い間とどまることで、水分が余計に吸収され、粘り気が失われた結果、便がかたくなる。 |
| | 兎糞タイプ（硬便） | 兎の糞のような小さくてポロポロした便。腸の蠕動運動が低下した状態を反映しており、ストレスが原因の過敏性腸症候群の疑いがある。また、腸管が何らかの原因でせまくなっていることも考えられる。 |

| | | |
|---|---|---|
| 異常 | ペーストタイプ（軟便） | 排便のときの抵抗感がなく、さっと出る。形は整っているが、水を流すときに便器の中に便がひろがる。脂肪分を多く含む食べ物の摂取に注意が必要。 |
| | 泥水タイプ（水様便） | 水分が主体のシャーッと出る便（下痢）。寝冷えや暴飲暴食、冷えた牛乳などを十分に消化・吸収できていない状態。消化器が受け付けないものを、一刻も早く出そうとする拒絶反応である。下痢が一時的、または急な場合は安静にする。集団感染の原因になる可能性もある。 |

②便の色

| | | |
|---|---|---|
| 正常 | コガネ色（茶色系統） | 便の色は、大腸通過時間で決まる。短いほど明るい黄色で、長いとこげ茶色に近づく。コガネ色から茶色までは健康な便。 |
| 異常 | 白色（灰色系統） | バリウムを飲んだ後のような便。ウイルス性腸炎、コレラなどの可能性あり。膵臓障害や黄疸の徴候。 |
| | 黒色系統（タール便） | 上部消化管からの出血。食道炎、食道静脈瘤破裂、胃・十二指腸潰瘍、胃がんを疑う。 |
| | 赤色系統（血便） | 大腸の病気による出血。水様性の便は食中毒、赤痢、潰瘍性大腸炎などの可能性あり。軟便・普通便の場合は大腸がんを疑う。痔によるものが最も多いが、血便が出たらすぐに専門医の受診をすすめる。 |

排泄は健康のバロメーター‼ 日々の観察の積み重ねによって異常に気づけるんだね。

**どうしたらいいの？** 「正常」をしっかり把握しよう

**ポイント 1** 日々の観察と記録を徹底する

**ポイント 2** 身体のしくみと排尿・排便のしくみ、食事の内容や摂取量、水分摂取量、活動量などを理解して、観察項目を押さえる

### ブリストルスケールによる便の性状分類

「ブリストルの便性スケール」は国際的に使われている便の性状を計るものさしです。便の性状を7段階に分類しています。

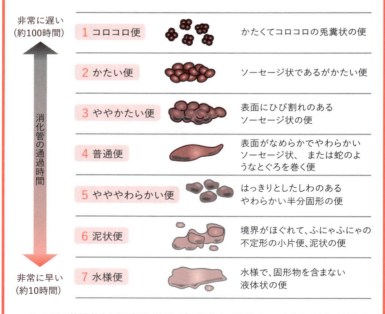

3・4・5は普通便として考えることができます。排泄チェック表に記入するときに、便の量と便性スケールの番号を記録することで、便の性状を職員間で共有でき、水分量や食事量、下剤の使用量などを検討することも可能になります。

- **「正常」をしっかり理解し、「異常」に気づくことができるようになろう**

　「尿や便の異常な状態」を知るためには、**「正常」をしっかりと把握する**ことが大切です。排泄物の変化は、**自ら症状を伝えることが難しい利用者の状態を知る大切な情報**になります。裏を返せば、重要な変化を見逃してしまうことで、状態の悪化を招く結果になるということです。

　観察ポイントを把握し、常に意図的に観察し、記録する習慣をつけましょう。

 出血の場所と便の色

　口から食べ物を食べて便になるまでの時間は、24時間から72時間が「正常」とされています。口から入った食べ物は、食道→胃→十二指腸→空腸→回腸→結腸→直腸という流れで排泄されます。十二指腸と空腸の間にトライツ靱帯があり、ここで上部消化管と下部消化管に分かれて便の性状も変わります。主に、上部消化管から出血した場合はタール便、下部消化管から出血した場合は粘血便がみられます。

報告・連絡・相談をするためにも、尿や便の異常を理解することが大切だね。

## 5 陰部・臀部の皮膚トラブルが多い利用者に何かできることはない？

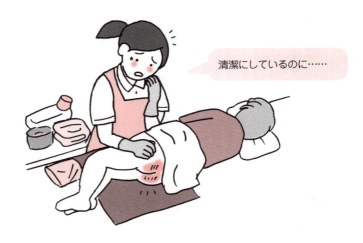

**考えてみよう！** 清潔にしているのに皮膚が赤くなる原因は？

　おむつ交換の場面です。介護職のAさんは、利用者Jさんの臀部の皮膚が赤くなっていることに気づきました。いつも石けんを使い、清潔にしているのに、どうして赤くなってしまったのかと悩んでいるようです。

清潔にしているのに赤くなってしまったのは、どうしてなのかなあ？

高齢者に多い皮膚トラブルと、その予防や対応方法について考えてみよう！

Part 4 排泄

**確認しよう！** 陰部・臀部の皮膚トラブルの原因は？

**チェック 1　乾燥対策ができていない！**

高齢者の肌は乾燥しやすく、「清潔」だけを意識していると、石けんで洗うことにより皮脂が奪われ、新たな皮膚トラブルを招いてしまいます。

**チェック 2　おむつ使用による「蒸れ」対策ができていない?!**

おむつの中は、汗や排泄物で蒸れやすくなります。蒸れた状態が続くと、皮膚は汚れや摩擦などの刺激に敏感になり、傷つきやすくなります。

**チェック 3　おむつの当て方による影響を理解できていない?!**

体外に排出された尿・便はアルカリ性で、排泄後の時間の経過に伴い強いアルカリ性になります。皮膚は弱酸性なので、パッドを重ねて使用していたり、おむつがずれていたりなど、おむつの当て方によっては、排泄物が皮膚に付着した状態になり、皮膚トラブルの原因になります。

**高齢者の皮膚の特徴**

加齢とともに、肌の表面をおおう皮脂や、角層細胞間脂質（セラミド）が減少するため、皮膚は乾燥し、刺激に弱くなる傾向があります。

セラミドには、①外部刺激をブロックするバリア機能、②角質の水分を保持して肌にうるおいを与える機能があるよ。

**167**

**どうしたらいいの？** 「汚れを落とす＋肌を守る」ことを考えよう

**ポイント1** 皮膚の構造や特徴（とくちょう）をふまえたスキンケアを実施する

**ポイント2** 尿や便が出ていなくても汗を吸収している可能性があるため、必ず1日1回以上は下着（インナー）を替える

**ポイント3** おむつが長時間密着することで蒸れてしまうため、おむつの当て方（p.154-155参照）に注意する

**ポイント4** 「洗浄＋保湿＋保護」の順番で陰部や臀部のケアを行う

###  陰部・臀部のケアの方法

陰部や臀部は泡でなでるように洗い、汚れを除去した後に、肌が乾燥しないように、水分をしっかりふき取り、保湿をします。水分をふくときは、タオルやペーパーなどでこすらず、やさしく押しながらふき、保護オイル等を塗る手順を毎日、場合によっては毎回行うことで、皮膚トラブルの軽減を図ることができます。

「洗浄＋保湿＋保護」を丁寧（ていねい）にくり返せばいいんだね。

## ● 皮膚トラブルの多い利用者には、「洗浄＋保湿＋保護」を徹底しよう

　皮膚トラブルの多い利用者には、皮膚の構造とはたらきをふまえ、**「洗浄＋保湿＋保護」を丁寧に実施する**ことが大切です。

　「洗浄」では、肌の汚れを泡でやさしく取り除き、「保湿」では、セラミド機能成分配合の保湿液などで皮膚のバリアを補い、「保護」では、スキンケアの仕上げにオイルやクリームなどで肌のベール（保護膜）をつくります。

　うるおいのある肌を維持できるように、**予防的なスキンケアをチームで統一して行う**ことで、皮膚トラブルの多い利用者でも、少しずつ改善がみられるようになります。また清潔ケアのみならず、栄養状態や体位変換についても考える必要があります。

 **栄養状態について**

　栄養状態の悪化が、皮膚のトラブルにつながることもあります。低栄養状態にならないためには、たんぱく質などを中心に、バランスよく栄養を摂取する必要があります。栄養状態を把握するためには、毎月の体重測定が重要です。そのほか、血液検査のTP（総たんぱく）が6.0g/dℓ以下になっていないか、またAlb（アルブミン）が3.5g/dℓ以下になっていないかも必要に応じて確認するとよいでしょう。

# Part 5
## 入浴

入浴介助で大切なことって何かなあ？

入浴は一番事故が多い場面だから、安全への配慮はとても重要だよ。

# 1 個浴等での介助

### 1 「自分でできる」と言う利用者は、本人にまかせればよい？

**考えてみよう！** 「自分でできる」と言われたら、見守りは必要ない？

　利用者Dさんは、自尊心が高く、何でも自分一人でしたいと思っています。介護職のAさんは、これまで事故がなかったので、今日も大丈夫だろうと考え、浴室の外で待機しています。

自分でしたいというDさんの希望どおりにしているよ。どこがダメなのかなあ？

本人が「大丈夫」と言っているから大丈夫、今まで問題なかったから大丈夫、と考えていいのかな。本当に危険はないかな。

Part 5 入浴

**確認しよう！** これまで問題がなければ、今日も大丈夫?

### チェック **1** 「自立度が高いから大丈夫」という思い込みがある！

　浴室は、介護現場のなかでも特に危険な場所です。流水や石けんで足をすべらせるなど、転倒事故が多いということも介護職は理解しているはずです。また、自立度が高い利用者であっても、体調や状態の変化によって、一連の動作のどこかに危険がひそんでいる可能性があります。

### チェック **2** 浴室内の環境把握が十分でない！

　介護職のＡさんは浴室の外から声をかけていますが、床に石けんの泡が残っている状況や、そこに足を置いて立ち上がろうとしているＤさんの状況は確認できていません。

### チェック **3** 浴室環境の特性を理解できていない！

　ふだんの生活の場では身体バランスをくずすことのない利用者でも、浴室では、温度や湿度の上昇により血圧や脈拍の変動がみられることもあります。また、座って髪や身体を洗った後に急に立ち上がると、立ちくらみなどにより身体バランスをくずすことがあります。

**どうしたらいいの？** 入浴中はさまざまな危険や状態変化があることを理解しよう

すべるので、足元の石けんを流しますね。

**ポイント1** 自立度が高い利用者でも、状況や状態の日内変動があることを意識してかかわる

**ポイント2** 入浴前、入浴中に浴室内を確認し、すべりやすいところはないか、シャワーチェアの高さが適切かなどをチェックする

**ポイント3** 「自分でできる」と言う利用者には、危険な場合にすぐに支えられる位置で適切な声かけを行うなど、安全に配慮する

**ポイント4** 「一人で入浴できる」という判断基準は、個人ではなくチーム全体で決定し、共有する

**ポイント5** 「入浴介助マニュアル」を確認し、介助を統一することで事故を防ぐ

「入浴介助マニュアル」には、チーム全体で共有すべき基本的な考え方、入浴介助の手順、入浴前の安全対策、室温に応じた湯温の設定などが明記されているよ。

## ● 入浴介助では、利用者から目を離さないようにしよう

　仕事として介護サービスを提供するということは、利用者と事業所が契約にもとづいて、利用者の生活の営みを支援しているということです。したがって、**「自立度が高い」からといって、入浴中に利用者から目を離してはなりません。**常に緊張感をもって観察し、状況把握に努める必要があります。

　一連の入浴動作にひそむ「危険」を察知し、利用者の動作を観察し、**危険度の高い場面においては、自尊心に配慮した声かけを行う**ことで、事故を回避することができます。「いつもできているから大丈夫だろう」という思い込みから事故は発生することを忘れないようにしましょう。

### 転倒以外にも留意してほしいこと

　自立度が高い利用者の入浴介助の際に、「給湯設備を適切に使用できるだろう」とか「お湯の温度が高かったら気づくはずだ」など、介護職の思い込みで確認をおこたっていることはないでしょうか。

　実際に、自立度が高い利用者の操作があいまいだったために、熱いお湯が出てしまったり、浴槽のお湯が高温で、やけどをしてしまった事例もあります。

　思い込みは捨て、利用者の行動や場面ごとの状況に常にアンテナを張って観察することで、危険を回避するよう意識しましょう。

「いつもできているから大丈夫」と考えてはいけないんだね。

**寒い日は、急いで熱めのシャワーをかける?!**

**考えてみよう！** 利用者の身体に負担をかけていない？

　利用者Eさんは、脱衣後、寒そうにしていました。早く温めてあげたいと思った介護職のBさんは、「だいたい42℃くらいかな……」という感覚で、Eさんの肩にお湯をかけています。しかし、Eさんには熱かったようです。

 寒そうにしているEさんに、早く温まってもらいたいと、少し熱めのシャワーをかけたんだね。私もやってしまいそう……

 Bさんの気持ちはわかるけど、介護職の温度感覚でいきなり肩にお湯をかけてしまっていいのかな。Eさんの身体に負担をかけていないかな。

確認しよう！　どこがダメ？　なぜダメ？

**チェック 1　心臓に負担がかかる！**

　寒そうにしているからといって、介護職の感覚で「少し熱めのお湯」を利用者の肩にかけると、急速に血流量が増加して心臓に負担をかけてしまいます。また、交感神経が刺激されるため、後から疲労となり、体調をくずす原因になることもあります。

**チェック 2　利用者の体温に配慮していない！**

　利用者が寒そうにしているということは、身体が冷えている状態といえます。したがって、介護職にとって「少し熱めのお湯」であっても、利用者は「熱いっ！」と感じ、驚いてしまいます。

**チェック 3　体温の調節機能を理解していない！**

　人の体温は約 36 〜 37℃で調節されるしくみになっていますが、加齢に伴い、この機能は低下します。つまり、加齢や運動不足により汗腺の機能が低下し、汗をかきにくくなることで体温を調整しにくくなるのです。その結果、高齢者は暑さや寒さに適応することが難しくなります。

身体が冷えていると、温度の感じ方も変わるんだね！

**どうしたらいいの？** ぬるめのお湯から徐々に身体をならしていこう

| ポイント1 | 介護職の感覚で「少しぬるいくらい」から身体を慣らす |
|---|---|
| ポイント2 | 介護職がお湯の温度を確認してから、利用者にも前腕(ぜんわん)の内側で確認してもらう |
| ポイント3 | 寒暖の差の激しい環境を避けるため、脱衣室や浴室を暖めておくなど、入浴前の準備と環境調整をしっかり行う |

前腕の内側で確認してもらうのは、皮膚(ひふ)の感度が高いからだよ。

## ● 介護職と利用者ではお湯の温度の感じ方が違うことを理解しよう

　高齢者は、暑さ、寒さを感じる能力が低下していたり、体温を調節する身体の機能が十分でなかったりするため、熱中症や低体温症にかかりやすくなります。したがって、**一人ひとりの「平熱」をきちんと把握しておく**ことが大切です。このことを理解していれば、「寒そうだから」と、熱めのお湯をいきなり肩にかけるようなことはないでしょう。**「ぬるめ」を意識して、身体を慣らしながら、利用者の好みの温度に合わせて**いきましょう。

　また、背後からいきなりお湯をかけると、利用者を驚かせてしまいます。準備ができていないため、とっさに避けるような動きをして、いすから転落してしまうなど、身体に負担をかける可能性もあります。お湯の温度の感じ方は、人によって異なることをふまえ、利用者にとって負担の少ないかかわりを考えましょう。

 ヒートショックに注意！

　寒い季節に多いのが「ヒートショック」です。浴室と脱衣室の温度差などにより、血圧が大きく変化することで起こる健康障害のことです。心筋梗塞や脳血管障害、不整脈など、突然体調が悪くなり、命にかかわることもあります。特に入浴の際は裸になるため、温度差は身体に大きな影響を与えます。浴室と脱衣室の温度差が5℃以上にならないように調整しましょう。また、浴室や脱衣室は、どうしても湿度が高くなります。長時間湿度の高い場所にいると、特に高齢者では身体にかかる負担も大きくなるので、入浴前に浴室で待たせることは避けましょう。

利用者さんの身体への負担を考えて温度を調節することが大事なんだね。

## 3 浴槽に浸かっているときは、その場を離れたほうがよい?!

**考えてみよう!** この場から離れて、本当に大丈夫?

　利用者Fさんは、浴室内の移動や浴槽(よくそう)の出入りに介助が必要です。身体を洗い終えたFさんは、浴槽に浸かっています。介護職のAさんは、お風呂好きなFさんがゆっくり楽しめるようにとその場を離れようとしています。

お風呂が好きなFさんに、一人でゆっくりしてもらおうと配慮(はい りょ)しているんだよね?

Fさんへの配慮というのはわかるけど、「入浴」は介護現場で最も事故が多い場面だよね? なぜ「この場を離れても大丈夫」と判断したのかな。

180

Part 5　入浴

**確認しよう!**　浴槽内で予測されるリスクは？

### チェック 1　浴槽内では浮力がはたらく！

浴槽内では浮力がはたらくため、体重が約 10 分の 1 になります。一方、頭部は水面より上にあるため、浮力がはたらかず、頭部の重さが顕著になります。その結果、頭部の位置によって、姿勢がくずれやすくなります。

### チェック 2　浴槽内はバランスをくずしやすい！

高齢者は、加齢に伴う下肢や体幹の筋力低下、体力や持久力の低下により、同じ姿勢を維持することが難しくなります。そのため、浴槽の中で身体が浮きやすく、頭部が後方に、お尻が前方にずれることによって溺れやすくなります。

### チェック 3　温熱作用と静水圧作用がはたらく！

浴槽内では、浮力に加え、温熱作用と静水圧作用がはたらきます。この二つの作用によって、全身の血流状態が変化し、脳や心臓の血流が増加したり減少したりします。その影響で、意識障害やめまい、脱力感などが生じ、溺れてしまう危険性が高まります。場合によっては、脳梗塞、心筋梗塞を起こす可能性もあります。

#### 温熱作用と静水圧作用

温熱作用としては、身体が温まることにより、①皮膚の毛細血管や皮下の血管がふだんより拡張し、血行がよくなる、②新陳代謝が促進され、老廃物が排出されやすくなり、疲れがとれやすくなる、③結果として、脳や心臓への血流が少し減少する等の作用があります。
静水圧作用としては、水圧により、①血流や血液循環が促進される、②血液が心臓に向かって押し上げられ、心臓のはたらきが活発になる等の作用があります。

> **どうしたらいいの？** 利用者から、決して目を離さないようにしよう

| ポイント1 | 頭部が臀部よりやや前に位置していて、やや前傾姿勢が保たれている |
|---|---|
| ポイント2 | 足底が浴槽の壁について、壁を押す力がはたらいている（膝が軽く曲がっている） |
| ポイント3 | 浴槽の縁や手すりなどをにぎっている |
| ポイント4 | 常に目が届き、何かあったときにすぐに対応できる場所で見守る |
| ポイント5 | 入浴の支援についてチームで共有し、介助の方法を確認する |

## ●「入浴」は、特に事故が起こりやすい場面であることを意識しよう

　利用者の状態によって、浴槽内での安全な姿勢は異なります。場合によっては福祉用具の活用や入浴方法の見直しが必要なこともあります。いずれの場合も、**「入浴」は特に事故が起こりやすい場面である**ことを意識し、**浴槽に浸かる際にも決して目を離さない**ようにしましょう。

　利用者の心身の状態は、一人ひとり異なります。また、日によって異なることもあります。したがって、入浴によってどのような変化が起こり得るか、どのような危険が予測されるかをアセスメントし、**利用者の姿勢保持やバランス調整も考慮して支援する**ことが大切です。特に次の点に留意しましょう。

　①臀部よりやや前に頭部を位置させること
　②浮力を考慮してバランス保持を心がけること

### 大浴場と個浴の浮力の違い

＜大浴場の場合＞
　大きな浴槽では、下肢を伸ばすと姿勢のバランスをくずしてしまう可能性があります。また、下半身だけ浸かり、座位バランスを保持していたとしても、少しの体動で浮力の影響を受けて溺れてしまう可能性があります。そのため、介護職はそばで見守り、前傾姿勢を保持できるようにかかわります。利用者の表情が見える位置で、羞恥心に配慮しつつ見守りましょう。

＜個浴の場合＞
　浴槽に浸かると、人はリラックスして身体を後ろに倒そうとします。その結果、臀部が前方にずれて姿勢がくずれ、溺れてしまう可能性があります。したがって、姿勢の保持と調整が重要です。

## 利用者に「もっと強く洗ってほしい」と言われたら?

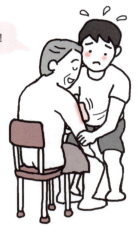

もっと強く、強く!

**考えてみよう!** 利用者の身体に負担をかけていない?

　浴室で介護職のBさんが利用者Gさんの身体を洗っています。Gさんに「かゆいからもっと強く、強く」と言われるままに、強くこすっています。

Bさんは、Gさんのかゆみを解消してあげようとして、力を込めてこすっているんだね。Gさんも気持ちよさそうだし、いいんじゃないかなあ。

力の加減は、利用者さんの状態をふまえて判断すべきではないかな。高齢者の皮膚の特徴をふまえ、利用者さんの身体に負担をかけていないか、考えてみよう!

確認しよう！　利用者に言われるがまま……で大丈夫？

### チェック 1　内出血の危険がある！

　高齢者は、加齢に伴い、皮膚の細胞の減少や代謝機能（たいしゃきのう）のおとろえにより、真皮・表皮が薄くなります。さらに、毛細血管も破れやすくなるため、軽くつかんだり、こすったりする程度でも毛細血管が破れて内出血（あざ）が生じやすくなります。

### チェック 2　利用者の既往歴と内服薬を把握できていない?!

　心筋梗塞（しんきんこうそく）、脳梗塞（のうこうそく）、狭心症（きょうしんしょう）などの疾患（しっかん）のある高齢者は、血液がサラサラになる薬（ワルファリン、アスピリン等）を内服している場合があります。これらの薬を服用していると、副作用として内出血しやすくなる傾向があります。

高齢者の皮膚の特徴として、①乾燥（かんそう）しやすい、②感覚機能が低下する、③外的な刺激に対する反応が鈍い、④掻痒感（そうようかん）（かゆみ）を訴（うった）えることが多い、の四つがあげられるよ。

**どうしたらいいの？** 皮膚はデリケートなのでやさしく洗おう

**ポイント 1** 手と皮膚との摩擦による刺激をやわらげるため、泡で洗うことを意識する

**ポイント 2** 均等に圧がかかるように注意し、一定のリズムで洗う

**ポイント 3** 皮膚の構造と加齢に伴う皮膚の変化を理解する

**ポイント 4** かゆみがある場合は、内服している薬の種類、皮膚の状態等、利用者の全身の状態を把握し、チームで対応方法を決定する

### 均等に圧をかけるためのポイント

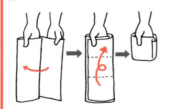

① ウォッシュクロスの上端の3分の1部分で、きき手の親指以外を包む
② 下端の3分の1部分を上端に折り込む
③ 平らな面で、できるだけ利用者の肌から離さず洗う
④ 筋肉の走行に沿って洗う
⑤ 手の力で押さえつけて洗うのではなく、介護職が重心移動しながら洗う

### 軟膏の塗り方

　掻痒感を訴える利用者に対しては、水気を取った後、オイルや軟膏を塗るなど、利用者の状態に合わせて保湿します。
　皮膚が清潔でない状態で、軟膏などを重ね塗りすると、炎症が起きたり、本来の軟膏のはたらきが低減する結果となります。かえって皮膚トラブルの原因になりますので、古いオイルや軟膏を落とし、清潔な状態で新たに塗るようにしましょう。

## ● しっかり泡立てて「やさしく」洗おう

　身体の汚れ（垢）の原因は、皮脂・汗・古くなった角質です。これらがほこりとまざり合い、垢となります。皮膚の汚れを落とすには、入浴やシャワー浴で石けんなどを使用し、洗い流すことが一般的です。しかし、高齢者の場合、汚れとともに皮脂膜まで取り除いてしまうことも多く、もともと皮脂の分泌が低下していることもあり、さらにバリア機能が低下してしまいます。その結果、乾燥や掻痒感などの皮膚トラブルにつながります。

　そのため、利用者の身体を洗う際には、**皮脂を落としすぎないように注意する**必要があります。ウォッシュクロスで洗う場合は、素材にも配慮し、ゴシゴシと洗うのではなく、**しっかり石けんを泡立てて、なでるように**洗います。また、圧が１か所に集中しないように、ウォッシュクロスの持ち方や皮膚への当て方を工夫します。皮膚に均等に圧がかかるように、介護職がうまく重心移動をして、一定のリズムで洗いましょう。泡で洗うことで、手と皮膚との摩擦による刺激をやわらげ、皮脂膜の取りすぎを防ぎ、角質層を守ることができます。入浴後、身体をふくときも、こするのではなく、「押してふく」ことを心がけましょう。

　「かゆいから強くこすってほしい」と言う利用者には、強くこするとかゆみが増すことを伝え、皮膚の乾燥を防ぐために、水分摂取や保湿が大切であることを伝えましょう。

# 2 機械浴での介助

### 1 二人介助では、同時に髪と身体を洗って効率アップ?!

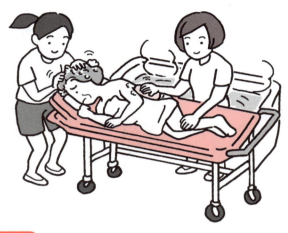

考えてみよう！　二人介助を行う目的は？

　二人の介護職が、機械浴での入浴の介助を行っています。効率アップを考えて、分担して洗っていますが、利用者Hさんは不安そうな表情をしています。

同時に髪と身体を洗って、効率アップを図っているよ。でも、なぜかHさんは、不安そうな表情をしているね。

確かに効率も大切だね。でも、機械浴で入浴する利用者さんの身体状況や障害については、考えてみたかな。

Part 5 入浴

**確認しよう！** 「同時進行」による危険やデメリットはない？

### チェック **1** 利用者に混乱や不安、不快感を与えている！

　私たちは、ふだん入浴の際に同時に 2 か所を洗うことはほとんどありません。したがって、利用者にとっても、この状況は何をされているのか把握できず、混乱し、不安や不快な感情を抱くことになります。特に認知症のある利用者では、混乱や不安が大きくなる可能性があります。

### チェック **2** 利用者の身体状況を配慮していない！

　二人の介護職が同時に別々の介助を行うと、お互いに「相手が利用者の状況を確認しているだろう」と思い込み、結果として利用者の状態やその変化等に気づくのが遅れることになります。一人ひとり状態は異なりますが、「機械浴で二人介助が必要な利用者」のなかには、苦痛や痛みを自ら訴えることができない人もいます。

### チェック **3** かえって効率も下がっている！

　二人の介護職が同時に別々の介助を行うことで、一見、効率が上がるように思われますが、機械浴での介助では、身体の向きを変えたり、身体を支えたりする必要があり、一方の介助を優先すると、もう一人の介護職は介助の手を止めて待機することになるなど、かえって効率が悪くなり、結果として時間がかかるだけでなく、利用者の身体にも負担を与えることになります。

**189**

**どうしたらいいの？** 利用者の状態把握を優先し、丁寧に介助しよう

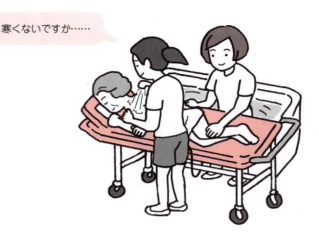

ポイント **1** 二人介助では、利用者の両側に位置し、威圧感を与えないように、視線や距離に配慮(はいりょ)する

ポイント **2** 同時に2か所を洗うと利用者に混乱や不安を与えてしまうため、1か所ずつ洗う

ポイント **3** 一人は利用者の状態を観察しながら楽な体位を支援し、もう一人が利用者の身体を洗うなどの介助を行う

ポイント **4** 二人介助の場合は、事前に役割分担や手順等を丁寧(ていねい)に確認しておく

Part 5　入浴

## ● 利用者にとって「気持ちのよいかかわり」になっているかを意識しよう

　忙しい介護現場において、二人介助では、髪と身体を同時に洗って効率アップを図ろうとすることは、ある意味では「自然」なことかもしれません。しかし、もし自分が同じように髪と身体を同時に洗われたらどうでしょうか？　気持ちがいいと感じるでしょうか。おそらく髪と身体は別々に洗ってほしいと感じると思います。

　時間内に入浴介助を終えることよりも、**目の前の利用者に対して、安心できる気持ちのよいかかわりができているか**を考え、**混乱はないか、痛みや不安はないかなど、利用者の反応を見ながら丁寧に**介助を行いましょう。

　特に、機械浴での入浴介助を必要とする利用者は、全般的な介護を必要とする人が多いです。**全身の状態をしっかり観察しながら、状態の変化にすぐに対応できるよう、リスクの予測をしておく**必要があります。

　機械浴での入浴介助では、背中や陰部の洗い残しが多くなりがちです。洗い残し、石けんなどの流し残しがないように確認しましょう。また、羞恥心への配慮、ストレッチャーを温めておくなどの配慮も忘れずに行いましょう。

### 表皮剥離に注意しよう

　高齢者は皮膚が弱くなっているため、特に入浴介助では、身体を軽くぶつけたり、皮膚がこすれたりするだけでも表皮剥離を引き起こしてしまう可能性があります。機械浴では、ストレッチャーの柵で表皮剥離を起こしてしまうことが多いため、タオルを柵に巻くなどの工夫をしたり、利用者の身体を支える際には、支える場所と支え方（p.74-75参照）に留意して、皮膚に圧がかからないようにしましょう。

**191**

## 2　機械浴での溺水が怖い

> **考えてみよう！**　機械浴槽を正しく使用できている？

　利用者が機械浴槽に浸かっている場面です。利用者 I さんは、ベルトの固定がゆるかったために身体が下方向にずれて、溺れかけています。利用者 J さんは、気泡（バブル）を使用した際に、身体が浮いてバランスをくずし、溺れかけています。利用者も介護職もパニック状態です。

> ベルトはどのくらい締めたらいいか、迷うんだよね。表皮剥離や痛みにつながるような気もするし……

> 機械を使う際には、「正しい使用方法」に従わなければ事故につながる可能性があるよ。利用者さんだけでなく介護職にとっても危険だよ。

Part 5　入浴

> 確認しよう！　事故につながる可能性は？

チェック **1**　「正しく」使用していない！

チェック **2**　身体が浮くことを想定した対応ができていない！

### チェック **1**　「正しく」使用していない！

「ベルトはゆるめに締める」など、介護職の勝手な判断で対応していると、思わぬ事故につながる可能性があります。ベルトでしっかり固定できていなければ、ストレッチャーの傾きにより、下方にすべり、利用者は恐怖でパニックになってしまいます。

### チェック **2**　身体が浮くことを想定した対応ができていない！

気泡（バブル）を使用する場合は、下から気泡が出るため、浮力の影響などにより身体のバランスがくずれやすくなります。想定外にバランスをくずすと、利用者はやはり恐怖でパニックになってしまいます。

 **ココもチェック！**

- ☑ 浴槽に入る前に、再度、利用者の身体の位置と固定ベルトの位置を確認する
- ☑ ストレッチャーを上下に動かす場合は、自動モードにせず、利用者の状態を確認しながら操作する

**どうしたらいいの？** 安全への配慮を徹底しよう

| ポイント1 | 取扱説明書をよく読み、固定ベルトや安全装置などを「正しく」使用する |
|---|---|
| ポイント2 | 浴槽に浸かる前に、利用者の身体の位置と固定部位、ベルトにゆるみがないかを再度、介護職同士で確認する |
| ポイント3 | 利用者の状態に変化がないかを常に確認しながら介助する（機械の作動中も細心の注意を払う） |
| ポイント4 | 気泡（バブル）を使う前に、利用者の身体の位置を整え、固定ベルトのゆるみを確認し、体幹を支える |

## ● 福祉用具は「正しく」活用しよう

　福祉用具は、年々機能性が高まり、便利になっています。しかし、使うのは人であり、正しく使用しなければ機能は発揮されませんし、安全に使用することもできません。したがって、取り扱いについて十分に理解し、**使用前に必ず正常に作動するかなどを確認する**ことが大切です。

　正しく使用していないために死亡事故につながるケースも少なくありません。ミスをしない人はいません。介護職側の経験や立場によって、扱い方や確認の仕方の認識が変化しやすいので、しっかりとマニュアルを確認し、当事者意識をもって操作・行動しましょう。

　機械の取り扱いの際に、利用者および介護職が手や足をはさんでしまう事故も起こり得ます。したがって、**常に利用者および介護職自身の身体の位置を手先、足先まで注意深く確認し、介助する**ように心がけましょう。

### 緊急時にあわてないためには？

　機械浴での介助中に、利用者が意識を失ってしまったらどうするか。実際にこのような事態に直面してもあわてないためには、日頃からシミュレーションをしてから介助をはじめることをおすすめします。
　また、一つひとつの動作の前後に、利用者の状態を目で確認しましょう。さらに、浴槽の非常時降下バルブや湯を抜くスイッチはどこにあるのか、どのように作動するのかも確認しておきましょう。

早速、「取扱説明書」を確認しよう！

# Part 6
## 着替え

## １　利用者の周りをぐるぐる回ってしまう

　考えてみよう！　なぜ、利用者の周りをぐるぐる回ってしまうのかな？

　利用者Dさんは、右片麻痺があります。入浴後に脱衣室で上着を着るところです。介助をしている介護職のAさんは、Dさんの周りをぐるぐる回ってしまい、Dさんは、バランスをくずしてしまいました。

Dさんの身体に負担をかけないようにと考えて、Aさんがぐるぐると動いて介助しているね。どうしてDさんはバランスをくずしてしまったのかなあ？

利用者さんの周りをぐるぐる回る必要が、本当にあるのかな。介護職の立ち位置は、どこがいいのか一緒に考えてみよう！

Part 6　着替え

確認しよう！　どこがダメ？　なぜダメ？

チェック **3**
利用者の状況を把握で
きていない！

チェック **2**
利用者が介護職の動き
に引っ張られている！

チェック **1**
健側から着ている！

### チェック **1**　健側から着ている！

　健側のそでを先に通しているため、動きに制限のある患側のそで
を通すことが困難になっています。何とか麻痺のある右腕を通そう
として、介護職が右へ左へと動いている間に、利用者は座位バラン
スをくずしてしまっています。このままでは、麻痺側に転落してし
まう危険があります。

### チェック **2**　利用者が介護職の動きに引っ張られている！

　介護職が利用者の周りをぐるぐる回ると、利用者はその動きに
引っ張られ、座位バランスをくずしてしまいます。

### チェック **3**　利用者の状況を把握できていない！

　右片麻痺のある利用者の場合、上着を着るときに前傾姿勢になっ
たり手を伸ばしたりすることで、重心が移動して座位バランスが不
安定になることを予測できていません。

**199**

**どうしたらいいの？** 利用者の状態、動きに合わせて介助しよう

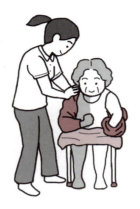

**ポイント 1** 利用者の患側に位置して介助する

**ポイント 2** 利用者の患側に、足を逆「ハ」の字に開いて立ち、介助する位置を固定する

**ポイント 3** 患側前方への転落に注意しながら、利用者の動作に合わせて、重心移動を意識して介助する

 **安定した座位を保つポイント**

- ☑ 両足を床にしっかりとつける（座面の高さを合わせる）
- ☑ いすに深く座る
- ☑ 利用者の状態に応じて、背もたれや肘かけがあるいすを使用する
- ☑ 健側の手をいすの縁（または肘かけ）について身体を支える

患側前方への転落に注意が必要なんだね！

Part 6　着替え

● 患側前方への転落に注意し、立ち位置を固定しよう

「着替えで重要なのは、脱健着患！」。確かにそのとおりなのですが、これを意識するあまり、介護職が利用者の周りをぐるぐる回ってしまっている状況を目にすることがあります。介護職がぐるぐる動き回ると、利用者はその動きに合わせるように重心が移動するため、座位バランスをくずしやすくなります。特に**患側前方への転落には注意が必要**です。

着替えの介助の基本は、**安全に配慮し、利用者の動きに合わせて介助を行う**ことです。利用者が腕や体幹を動かせる範囲、その際の重心の位置やバランスを保つ能力等を考慮し、利用者ができることを誘導しながら介助を行いましょう。

### 拘縮が強い利用者の着替えの介助

拘縮が強い利用者に対して、「腕の力を抜いてください」と声をかけ、介護職が無理やりに腕を引っ張っている場面を見かけます。これでは逆に力が入ってしまい、お互いに苦痛を感じます。

上肢の場合は、肘と肩甲骨を持ち、肘を内側に持っていきます。すると筋肉の緊張がゆるむため、肘を回転させながら外側に動かすことによって、わきが開きやすくなります。

201

## 2 居室なら羞恥心への配慮は必要ない?!

**考えてみよう!**　居室では羞恥心への配慮は不要?

　居室で着替えの介助をしています。ドアは閉めてありますが、窓のカーテンは開いています。利用者Eさんは、何だかはずかしそうにしています。

居室のドアは閉めてあるし、羞恥心への配慮はできていると思うけど、どうしてはずかしそうにしているのかなあ?

確かにドアは閉まっているね。でも、それだけで羞恥心に配慮しているといえるかな?

Part 6　着替え

確認しよう！　居室でも配慮が必要な点は？

チェック 1　ドアの暖簾が開いている！
チェック 2　窓のカーテンが開いている！
チェック 3　着替える「場所」への配慮ができていない！
チェック 4　露出への配慮ができていない！

### チェック 1　ドアの暖簾が開いている！

暖簾が開いているため、ガラスの部分から中の様子が見えそうですし、誰かが急にドアを開けたり、ほかの利用者が部屋を間違えて入ってきたら、丸見えになってしまいます。

### チェック 2　窓のカーテンが開いている！

居室の位置にもよりますが、カーテンが開いていると、外から着替えの様子が見える可能性があります。

### チェック 3　着替える「場所」への配慮ができていない！

出入口や窓から見える位置で着替えていると、たとえ閉まっていても「誰かに見られるのではないか」と落ち着きません。

### チェック 4　露出への配慮ができていない！

介護職は利用者にとっては「他者」です。介護職の前での肌の露出も、利用者にとってははずかしいことです。「少しの時間だからよい」「外から見えなければよい」ということにはなりません。

203

**どうしたらいいの？** 羞恥心には、細心の注意を払おう

寒くないですか？

| ポイント 1 | ドアの内側の暖簾などを閉める |
|---|---|
| ポイント 2 | 施設の立地や居室の位置をふまえ、外から見えないように窓のカーテンを閉める |
| ポイント 3 | 出入口や窓に背を向けるようにして着替えてもらう |
| ポイント 4 | 露出を減らすためにタオルをかける、ズボンと上着を同時に脱がせないなど、十分に配慮する |

### 立ち位置や視線にも注意しよう

　座っている利用者の正面に、見下ろすように立つと、利用者は、上からジロジロと見られているように感じます。利用者の心身の状況にもよりますが、可能であれば、正面ではなく横に位置し、利用者が感じる「視線」にも注意しましょう。

## ●「人前で着替える」という状況にある利用者の気持ちと環境への配慮を大切にしよう

排泄介助や入浴介助と同様に、着替えの介助においても利用者は介護職に肌を見せることになります。介護職は「仕事だから」と割り切って介助を行うこともできますが、**同性であっても年齢差があってもなくても、利用者の羞恥心への配慮はおこたってはなりません**。「着替えるのだから、肌の露出は当たり前」と考えるのではなく、少しでも利用者のはずかしさや不安、不快感を軽減できるよう、細心の注意を払いましょう。

「居室のドアさえ閉まっていれば大丈夫」なのではなく、他者である介護職自身の存在も意識し、利用者の気持ちに配慮したかかわりと環境設定を考えることが大切です。

### 片麻痺の利用者のズボンの着替えの介助

右片麻痺の利用者が、ベッド上で臥位でズボンの着替えを行う際、利用者の健側の足だけを曲げて、腰を上げてもらうことがあります。しかし片足では十分に上がりません。

このとき、健側だけではなく患側の足も曲げて立て、患側の膝下を支えることによって、患側のお尻も上がり、ズボンの上げ下ろしが利用者にとっても、介護職にとっても楽になります。

居室でも、しっかりと羞恥心への配慮を行う必要があるんだね。

## 3 座位でズボンをはくときは、足を高く上げても大丈夫?!

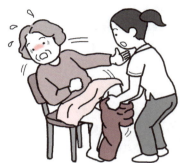

**考えてみよう！** 「座位は安全」と思い込んでいない？

　利用者Fさんは、座位でズボンをはこうとしています。介護職のAさんは、ズボンのすそが床につかないようにと考え、ズボンのすそから両手を入れて一度に通そうとしたり、足を高く持ち上げたりしています。いずれもFさんは、座位のバランスをくずしてしまいました。

床にズボンのすそがつかないように工夫しているんだね。でも、どちらも座位のバランスがくずれているね……

とても危険な状況だね。ズボンのすそを気にするあまり、安全面に配慮ができていないね。

Part 6　着替え

確認しよう！　どこがダメ？　なぜダメ？

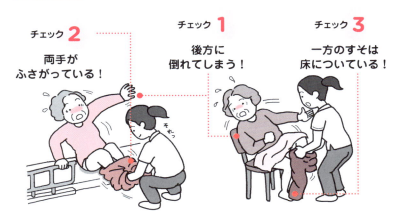

チェック2　両手がふさがっている！

チェック1　後方に倒れてしまう！

チェック3　一方のすそは床についている！

### チェック1　後方に倒れてしまう！

　ズボンのすそが床につかないように、または介助しやすいからという理由で、利用者の足を左右同時に上げたり、高く上げたりしていますが、利用者の重心が大きく後方に移り、そのまま倒れてしまう危険性があります。

### チェック2　両手がふさがっている！

　ズボンのすそが床につかないように、両足を同時に上げたため、利用者は座位のバランスをくずしてしまいましたが、介護職は両手がふさがっていて支えることができません。

### チェック3　一方のすそは床についている！

　「ズボンのすそが床につかないように……」と配慮しているようですが、一方のすそは床についてしまっていて、安全面、衛生面ともに十分な配慮ができていません。

**どうしたらいいの？** 安全面、衛生面の両方に配慮した方法を検討しよう

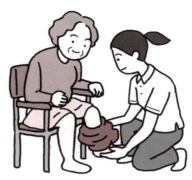

**ポイント 1** ズボンのすそは、利用者のかかとを支えて片足ずつ通す
※利用者の下肢（かし）と介護職の前腕（ぜんわん）を平行にして、もう一方の手でズボンをすべらせるようにあげる

**ポイント 2** 足を上げる際は、利用者の大腿部（だいたいぶ）がいすの座面から離れないようにする
※利用者が大腿部を手で上げて支え、座位バランスが保持できる場合は、その能力を活用する

 **いすの選び方**

利用者の状態を確認し、しっかりと座位のバランスがとれる利用者であれば、肘（ひじ）かけのないいすを選ぶと着替えやすくなります。座位のバランスが十分にとれない利用者には、肘かけのあるいすを活用します。いずれの場合も、足が床にしっかりとついていること、体幹（たいかん）がやや前方に傾き、膝（ひざ）、骨盤（こつばん）などが約90度になっていることを確認しましょう。

Part 6　着替え

## ● 片足を上げてもバランスがくずれない方法を考えよう

　介護は根拠にもとづいて行うことが大切です。座位でズボンをはく介助を行う場合は、どうしても足を上げることになるため、**座位バランスがくずれないように、また、くずれた場合でもすぐに対応できるように**考えて介助を行いましょう。

　足の持ち上げ方一つで、利用者の座位バランスが変化すること、介護職の位置と重心移動によって利用者の状況が変化することを忘れずに、利用者に安全で苦痛のない介護を提供できるように考えましょう。

### 福祉用具の活用

　介護職は、利用者ができるだけ自分自身で気兼ねなく生活行為を行えるように環境を整えることが大切です。その方法の一つが福祉用具の活用です。

　着替えに関するものでは、いすに座ったまま楽な姿勢で靴下がはける「ソックスエイド」や「ストッキングエイド」があります。また、片麻痺により、片手で着替えをする人用に「フック付きリーチャー」、上肢の可動域が限られた人に適した「ドレッシングハンド（リーチャー）」、手指の細かい動きが困難な人や関節炎、リウマチ、神経障害などで、手や手首の変形や握力の低下がある人に適した「ボタンエイド」などがあります。

　福祉用具は便利なものではありますが、生活上の課題を明確にしたうえで、利用者、介護職、環境に適合しないとうまく活用できません。この点をふまえてアセスメントをすることが大切です。

足の持ち上げ方によっては、座位バランスがくずれてしまうんだね。

利用者さんの重心を意識すると安全に介助できるよ。

209

# Part 7
## 睡眠

利用者さんから、「よく眠れない」と言われることが多いなあ。

睡眠のしくみを理解して気持ちよく眠れるように考えていこう！

## 1 高齢者は、夜に眠くなるわけではないの？

**考えてみよう！** 「寝る時間」はどのように決める？

　介護職のAさんは、施設のスケジュールに沿って、夕食後にトイレをすませた利用者Dさんを居室のベッドに誘導しています。Dさんは、まだ眠くないようで、なぜ寝なければならないのか疑問に感じているようです。

夕食を終え、施設のスケジュールに沿って、寝てもらおうとしているんだね。でもDさんは、まだ眠くないみたいだね。

「寝る時間だから」と決めつけてDさんを誘導していないかな？　高齢者の睡眠の特徴を確認してみよう！

Part 7　睡眠

**確認しよう！**　「眠くなる時間」に影響を与える情報は？

### チェック 1　日中の活動量と日光を浴びる時間帯は？

　日光を浴びる時間帯（朝の日光を多く浴びているのか、午後から日光を多く浴びているのか）が、睡眠にかかわるメラトニンというホルモンに影響し、体内時計が調節されます。利用者の活動量や生活リズムをふまえて睡眠の支援をしなければ、逆にストレスがたまり、睡眠障害を引き起こす原因になります。

### チェック 2　正確な睡眠時間を把握できていない?!

　高齢者は、ベッドの中で過ごす時間が長くなる傾向がありますが、同じだけ睡眠時間が確保できているわけではありません。

### チェック 3　加齢に伴う概日リズムの変化を把握していない?!

　高齢者の体内時計は、成人の平均を基準とすると、前倒しに進んだり、リズムの振幅が小さくなったりします。その結果、夕食前に眠くなったり、昼に眠くなったりします。

### チェック 4　服薬状況を把握していない?!

　血圧が高い人は、交感神経が刺激されて覚醒しやすくなります。そのため、服薬状況や効果の有無等を確認する必要があります。

### 日中は横にならないほうがよい？

　高齢者の生活を支えるには、「活動」と「休息」のバランスをとりながら生活にメリハリをつけることが重要です。高齢者の場合、夕方くらいからウトウトする人が多く、それが、夜間の睡眠の質を下げるため、昼食後から15時くらいの間に30分程度の昼寝を習慣にするとよいでしょう。

213

**どうしたらいいの？** 「健康な睡眠」を守るポイントを押さえよう

**ポイント 1** 昼間の活動量を把握(はあく)し、必要に応じて活動性を上げる

**ポイント 2** 1日の生活のなかでいつ日光を浴びるとよいかを検討する

**ポイント 3** 高齢者の1日の平均睡眠時間は、6時間程度を基準として考える

**ポイント 4** 高齢者は、体内時計が前に進みがちであることをふまえ、眠くなる時間を把握し、日中の活動と休息のメリハリを考える

**ポイント 5** 高血圧は睡眠障害を引き起こす一因になるので、血圧を把握し、降圧剤が処方されている場合は、確実に服用しているかどうか確認する

### 朝に日光を浴びる効果

　質のよい睡眠のためには、朝に日光を浴びることが大切です。目から入った太陽の光は視交叉上核(しこうさじょうかく)というところに入り、脳に刺激を与えます。この視交叉上核からもう1本神経の枝が出ていて、それが「松果体(しょうかたい)」に達します。それによって脳内で「活動の時間だ」という信号が送られ、自然と活動できるモードになります。
　朝の日光を浴びずに、昼になってから日光を浴びると、脳はその昼の光を「朝日だ」と誤解して、体内時計を調節してしまいます。そのため、朝に日光を浴びることに意味があるのです。

13時過ぎから目を閉じて30分程度休憩(きゅうけい)をとることにより、午後からの活動性が高まり、夜に眠れるようになる利用者さんは多いよ。

## ● 体内時計と生活スタイルをふまえた支援を検討しよう

　高齢者の睡眠の支援では、**加齢による心身の変化によって睡眠にも変化がある**ことを理解する必要があります。さらに、**疾患や障害が睡眠に影響をおよぼす**こともあります。

　今回の場面では、介護職が利用者の睡眠パターンや日中の活動量、日光を浴びる時間帯、服薬状況（降圧剤の服用など）やストレスなどを考慮しないままベッドへの臥床をすすめています。この状況では、利用者は「寝なければいけない」と、あせりやストレスが強まり、より覚醒してしまったり、眠れたとしてもすぐに目が覚める（中途覚醒）結果になってしまいます。

　**高齢者の生理的変化、生活スタイル、服薬状況等を理解することで、利用者の睡眠の質を改善する**ことができます。日中の活動性を上げること、決まった時間に起きること、日光を浴びる時間帯を工夫し、メラトニンの分泌のコントロールを図ること等によって、利用者一人ひとりに合った睡眠時間や生活スタイルを提供しましょう。「夜になれば、誰でも眠くなる」という固定観念を捨てて、まずは利用者の生活全体を観察することが大切です。

### メラトニンの分泌について

　メラトニンは脳の松果体から分泌されるホルモンで、「睡眠ホルモン」と呼ばれています。体内時計にはたらきかけることで、覚醒と睡眠を切り替えて、自然な眠りを誘う作用があります。

　朝、日光を浴びると、体内時計がリセットされて活動状態になり、メラトニンの分泌が止まります。メラトニンは目覚めてから約14～16時間経過すると再び分泌されます。このタイミング（夜間）に、目に多くの光を入れるとメラトニンの分泌が抑えられ、眠れなくなってしまいます。また、加齢に伴いメラトニンの分泌量が減り、体内時計の調整機能が低下することも理解しておきましょう。

## 2　水分補給と熟睡は、どちらを優先したらよい？

**考えてみよう！**　なぜ、夜中に何度もトイレに行くのかな？

　利用者Eさんは、夜中に何度も起きてトイレに行っています。介護職のBさんは、水分摂取量が多いから夜中に何回もトイレに行くことになり、熟睡できないのではないかと考えているようです。

夜中に何度もトイレに行っているけど、眠れないのかなあ？水分摂取量が多いのかなあ？

なぜ、夜中に何度もトイレに行くのかな。水分摂取量と関係があるのかな。考えてみよう！

Part 7 睡眠

**確認しよう！ 利用者の生活リズム、身体状況は？**

**チェック 1** 1日の水分摂取量（イン）と排尿量（アウト）の把握ができていない?!

　Eさんの排泄パターンや1日の排泄回数、水分摂取量などを把握できていないと、夜中に何度もトイレに行く原因を把握することができません。また、就寝時刻のどのくらい前から水分摂取をひかえればよいのかも把握できません。

**チェック 2** 加齢や疾患による影響があることを理解していない?!

　加齢に伴い、膀胱の機能は弱まります。つまり膀胱にためられる尿の量が少なくなり、頻繁に尿意を感じるようになります。また、頻尿には、前立腺肥大や膀胱炎などの疾患が隠れていることもあります。

**チェック 3** 睡眠のリズムとストレスの関係を見落としている?!

　高齢になると退職や家族との死別、一人暮らしによる孤独感などによる精神的なストレスと慢性的な痛み等による身体的なストレスが増えます。また、施設等の生活では、「早く眠らなければいけない」「睡眠は8時間とらなければいけない」というあせりやストレスがある可能性もあります。そのようなストレスが原因で、睡眠のリズムがくずれ、夜間に何度も目が覚めてしまうこともあります。目が覚めると、今度は「漏らしては大変」と考えてトイレに行き、ベッドに戻っても眠れないという負の連鎖にはまってしまうこともあります。

ストレスも睡眠をさまたげる原因になるのか……

217

**どうしたらいいの？** 1日の生活全体で考えよう

**ポイント 1** 1日の水分摂取量、排泄回数など、利用者の生活全体を把握する

**ポイント 2** 就寝1時間前の水分摂取はひかえる（それでも夜間頻尿が改善されなければ主治医に相談する）

**ポイント 3** 起床時間を一定にできるように支援する（寝不足気味でも、毎朝、同じ時間に起きるように規則正しい生活習慣を支援する）

体内時計は毎朝日光を浴びることでリセットされ、一定のリズムを保ち、夜になると眠りを導くんだよ。

Part 7　睡眠

● 何度もトイレに行く原因を明らかにし、質のよい睡眠を支援しよう

　高齢になると膀胱機能の低下や疾病・障害の影響により、排泄機能が低下していきます。その結果、睡眠にも影響が出てくることを理解しましょう。

　また、高齢者の眠りは浅く、分断される傾向があるため、一度眠ってもすぐに目が覚めてしまいます。また、目が覚めるたびに、気になってトイレに行ったり、たくさん水を飲まなければいけないと思って、必要以上に水を飲んだりすることもあります。したがって、**水分・食事摂取量と排泄量（イン－アウト）の把握が必要**です。

　利用者とかかわる時間が長い介護職だからこそ、把握できることがたくさんあります。利用者の代弁者としての役割もあることを忘れず、観察によりデータ（いつもより元気がない、ぼんやりしているなどの主観的データと水分摂取量、排尿回数と量などの客観的データ）を収集し、原因を把握しましょう。確かな専門的知識があれば、見通しを立てることもできます。

　夜間頻尿の原因は？

　夜間頻尿の主な原因として、多尿と膀胱蓄尿障害があります。多尿の背景には、糖尿病などの内分泌疾患、水分のとりすぎなどがあります。特に夜間の尿量が多くなる夜間多尿の原因としては、高血圧、うっ血性心不全（心臓のはたらきが弱った状態）、腎機能障害などの全身性疾患、睡眠時無呼吸症候群などがあります。

　膀胱蓄尿障害は、少量の尿しか膀胱にためられなくなる状態で、前立腺炎、膀胱炎などで膀胱が過敏になるために起こります。そのほかにも脳卒中、パーキンソン病などの脳や脊髄の病気により膀胱のコントロールがきかなくなる、前立腺肥大症による排尿障害のために膀胱が過敏になる、などの原因で発生することもあります。

　睡眠の支援では、利用者の疾患と障害についての正しい理解も必要です。

**219**

## よい睡眠を促すためにできることはある?

**考えてみよう!** なぜ利用者は、夜間にぐっすり眠れないの?

　利用者Fさんは、夕食後、しばらく経ってからベッドに入りましたが、眠くないようです。眠ろうとすればするほど逆に目が冴えてしまって眠れません。Fさんは、昼間にウトウトしてしまい、夜間にしっかり眠れていない状況に悩んでいるようです。

ベッドに横になっているのに、どうして眠れないのかなあ?
夜にぐっすり眠るために何かできることはないかなあ?

Fさんは、ベッドに入ってもなかなか眠れないみたいでつらそうだね。よい睡眠を促すためにどんなかかわりができるか考えてみよう!

Part 7　睡眠

### 確認しよう！　夜間にしっかり眠れない理由は？

#### チェック 1　眠くないのにベッドに入っている！

眠くないのにベッドに入るのは、眠ろうとする意気込みや眠らなければならないというあせりが伴い、かえって脳がはたらき、寝つきが悪くなってしまいます。つまり、ストレスによって眠れない状況といえます。

#### チェック 2　睡眠時間にこだわっている⁈

「睡眠は1日8時間」というこだわりから、必要以上に早くベッドに入り、結果としてなかなか眠れなかったり、途中で目が覚めたり、朝早くに目が覚めてしまうことがあります。目が覚めてしまうと、もう一度眠らなければというあせりから眠ることができず、生活リズムがくずれてしまいます。

#### チェック 3　加齢に伴う「眠り」の変化を把握できていない！

体内では体温や代謝、ホルモン分泌などさまざまな機能が一定のリズムで調節されていますが、加齢に伴い、この調節機能が弱まります。また、加齢に伴い、メラトニン分泌量が低下するため、なかなか眠くならなかったり、朝早く目が覚めたり、夜中に何度も目が覚めたりします。

加齢に伴うからだのしくみの変化が睡眠にも影響するんだね。

生活リズムを整えることによって体内時計の乱れを調節することが大事だよ。

**どうしたらいいの？** 生活リズムを確認してみよう

| ポイント 1 | 朝起きたら、朝日を浴びて、睡眠リズムを整える |
| --- | --- |
| ポイント 2 | 日中の活動時間を増やし、適度な疲労感を得ることで、夜の入眠がスムーズになる |
| ポイント 3 | 昼寝をする場合は、昼食後から15時くらいの間で30分程度にするとよい（夕方以降の居眠りは夜間睡眠の質を下げる） |
| ポイント 4 | リラックスして就寝できるように生活リズムを利用者と一緒に考える |
| ポイント 5 | カフェインを含む飲み物を飲む場合は、就寝の4時間前までを目安にする |
| ポイント 6 | 睡眠薬の適切な活用方法を理解する |

Part 7 睡眠

## ● 睡眠の「量」ではなく「質」に目を向けよう

　脳を休ませ、身体の疲れをとり、心身の機能を回復させるうえで、睡眠は欠かせません。加齢に伴う睡眠の変化として、若い頃に比べて早寝早起きになること、睡眠が浅くなることがあげられます。

　高齢者に睡眠障害が起こりやすい要因として、体内時計が微妙にずれることも指摘されています。加齢による生理的な変化と生活習慣の影響が重なって、体内時計が前に進みがちになることにより、生活リズムがくずれ、不眠などの障害が起こりやすくなるのです。

**睡眠については、特に個人差があるので、利用者一人ひとりの生活パターンやリズムの把握が大切**です。

### 「睡眠障害対処　12の指針」とは

　「睡眠障害対処　12の指針」とは、睡眠障害を未然に防ぐための方法を厚生労働省の研究班がまとめたものです。利用者はもちろん、介護職も夜勤などにより睡眠障害になることがあるので確認しておきましょう。

1）睡眠時間は人それぞれ、日中の眠気で困らなければ十分
2）刺激物を避け、眠る前には自分なりのリラックス法
3）眠たくなってから床に就く、就床時刻にこだわりすぎない
4）同じ時刻に毎日起床
5）光の利用でよい睡眠
6）規則正しい3度の食事、規則的な運動習慣
7）昼寝をするなら、15時前の20〜30分
8）眠りが浅いときは、むしろ積極的に遅寝・早起きに
9）睡眠中の激しいイビキ・呼吸停止や足のぴくつき・むずむず感は要注意
10）十分眠っても日中の眠気が強い時は専門医に
11）睡眠薬代わりの寝酒は不眠のもと
12）睡眠薬は医師の指示で正しく使えば安全

資料：厚生労働省

223

## 参考文献

田中義行『潜在力を引き出す介助 ── あなたの介護を劇的に変える新しい技術』中央法規出版、2010 年

田中義行『写真で学ぶ 拘縮予防・改善のための介護』中央法規出版、2012 年

# 著者紹介

## 長藤　成眞（ながふじ　なるまさ）

社会医療法人大成会長汐病院　看護師
株式会社ヤマモリ　yamazakura style college　教務主任
株式会社 yamazakura style　山桜＠訪問介護ステーション　訪問
介護員

1977 年広島県生まれ
介護福祉士・介護支援専門員

介護老人保健施設の介護職員として 5 年間勤務した後、訪問介護、
通所介護、居宅介護支援事業所の介護職員、介護支援専門員として
勤務。この間、初任者研修、実務者研修、介護技術講習、介護福祉
士試験対策講座、介護支援専門員試験対策講座、介護支援専門員向
けのセミナーなどの講師を務めるほか、介護事業の立ち上げなどに
も多数たずさわる。現在は、医療型療養病棟の看護師として勤務し
ながら、介護福祉士の養成・教育にたずさわっている。「利用者が
思う在宅生活とは何か」「社会資源の一つとして、自分に何ができ
るか」を日々考えながら介護現場の教育に奮闘中である。『訪問介
護サービス』（日総研出版）にて連載中。

**ステップアップ介護**
**よくある場面から学ぶ介護技術**

2019 年 9 月 1 日　初　版　発　行
2023 年 5 月 1 日　初版第 3 刷発行

著　者 ………………………… 長藤成眞

発行者 ………………………… 荘村明彦

発行所 ………………………… 中央法規出版株式会社
　　　　　　　　　　　　　〒 110-0016 東京都台東区台東 3-29-1 中央法規ビル
　　　　　　　　　　　　　Tel. 03-6387-3196
　　　　　　　　　　　　　https://www.chuohoki.co.jp/

装幀・本文デザイン ……… 石垣由梨、齋藤友貴（ISSHIKI）

本文イラスト ………………… 藤田侑巳

キャラクターイラスト ……… こさかいずみ

印刷・製本 …………………… 株式会社アルキャスト

ISBN978-4-8058-5926-1

定価はカバーに表示してあります。
本書のコピー、スキャン、デジタル化等の無断複製は、著作権法上での例外を除き禁じられています。
また、本書を代行業者等の第三者に依頼してコピー、スキャン、デジタル化することは、
たとえ個人や家庭内での利用であっても著作権法違反です。
落丁本・乱丁本はお取り替えいたします。
本書の内容に関するご質問については、下記URLから「お問い合わせフォーム」に
ご入力いただきますようお願いいたします。
https://www.chuohoki.co.jp/contact/